Paul Stein
Gutenberg Band 1

AF152004

SEVERUS Verlag

Stein, Paul: Gutenberg Band 1. Ein kulturhistorischer Roman. 2018
Neuauflage der Ausgabe von 1861
ISBN: 978-3-95801-802-0

Korrektorat: Julia C. Möller
Satz: Julia C. Möller

Umschlaggestaltung: Annelie Lamers, SEVERUS Verlag

Bibliografische Information der Deutschen Nationalbibliothek: Die
Deutsche Nationalbibliothek verzeichnet diese Publikation in der
Deutschen Nationalbibliografie; detaillierte bibliografische Daten
sind im Internet über https://dnb.de abrufbar.

Der SEVERUS Verlag ist ein Imprint der Bedey & Thoms Media GmbH,
Hermannstal 119k, 22119 Hamburg

SEVERUS Verlag, 2018
http://www.severus-verlag.de
Gedruckt in Deutschland

Paul Stein

Gutenberg Band 1
Ein kulturhistorischer Roman

SEVERUS

Inhalt

1

Das vierzehnte Jahrhundert neigte sein greises Haupt in das bedeutungsvolle Meer dahingegangener Zeiten; doch wie alle seine Vorfahren, die das politische Bewusstsein der Völker dein Grabe entrissen und somit ihr unsterbliches Teil, die fortlaufende Geschichte der Menschheit gerettet, blieb auch der zu Ende gehende Zeitabschnitt mit seinem geschichtlichen Leben an den Toren des neuen stehen und ragte in denselben hinein mit all seiner Größe und Kleinheit, seinen Irrtümern und Wahrheiten, seinen Tugenden und Lastern, sich mit ihnen an die Ferse des unaufhaltsamen Schrittes der Zeit kettend, und so an die unendliche Zukunft.

Die verworrenen politischen wie kirchlichen Zustände Deutschlands traten damals noch schroffer und herber hervor als heutzutage, sie zeigten eine noch viel größere Zerrissenheit der einzelnen Teile unseres Vaterlandes und hatten unaufhörliche Streitigkeiten und barbarische Fehden in ihrem Gefolge. Die letzten Zeiten des Mittelalters bieten in dieser Hinsicht ein erschütterndes, trauriges Bild, das bei einer einigermaßen genaueren Betrachtung viel von dem romantischen Zauber aufhebt, in den man so gerne die Vergangenheit, besonders die ritterliche Zeitperiode kleidet. Nur den Kern des deutschen Volkes, das Bürgertum sehen wir damals, wie fast zu allen Zeiten, als den Träger des besseren Lebens, als den Schutz und Schirm eines besseren Strebens im innigsten Verbande mit der fortschreitenden Zivilisation. In den Städten, dem Sitze der bürgerlichen Rechte und Freiheiten, suchte man sich gegen die weltliche und kirchliche Despotie zu schützen und hinter ihren festen Mauern einen Wall aufzutürmen gegen die Anmaßungen des Rittertums und seine raubsüchtigen Gelüste, wie gegen die beengende Macht der Hierarchie. In ihnen blühten trotz oft wiederkehrender Stürme Handel und Industrie, Künste und Wissenschaften, mitunter in einem Flore auf, den man mit Erstaunen betrachtet, wenn man bedenkt, welch' steter Kampf seinem Gedeihen entgegenstand, welchen Schatzungen, selbst Verheerungen seine Pflanzorte nur zu häufig unterworfen waren.

Der Städtebund, gegen solche Bedrückungen entstanden, gewann besonders zu Ende des vierzehnten Jahrhunderts durch den Beitritt mehrerer friedliebenden Fürsten und Herren eine große Bedeutung und wurde so mächtig im Süden wie die Hause im Norden. Aber gerade auf diesem Höhepunkt der Macht entwickelte sich, wie dies häufig zu geschehen pflegt, auch wieder ein Keim des Verderbens. Die immer größer werdende Bedeutung, welche die Städte erlangten, machte sie übermütig, ihre Gegner misstrauisch und rachsüchtig. Diese suchten in dem Wohlstande und der zunehmenden Macht jener eine drohende Gefahr für Kaiser und Reich zu finden, weil sie ihre persönlichen Rechte und Ansprüche dadurch gefährdet sahen. Der Reichtum des Bürgerstandes, eine Folge seines Fleißes, und der damit verbundene Fortschritt wie der wachsende Stolz der Patriziergeschlechter, die in ihnen eingebürgert waren, erweckte den Neid und die Missgunst der Ritterschaft und der Großen des Reiches und wie sie sich untereinander um Rechte und Ansprüche befehdeten, so lebten sie auch in fast ununterbrochenem Streit mit den Städten, die bald von dem Reichsoberhaupte beschützt, bald von ihm angefeindet wurden, je nachdem es im Interesse seiner Macht oder auch in seiner Willkür lag.

Während zu Anfang des fünfzehnten Jahrhunderts die Kriege mit den Türken und Tartaren auf die Städte Italiens einen günstigen Einfluss ausübten, indem die aus allen Gegenden des Ostens entfliehenden Gelehrten und Künstler sich dort niederließen und der Bildung, welche sich auf den Trümmern des klassischen Altertums seit Jahrhunderten wieder erhoben hatte, einen neuen Aufschwung gaben, litt Deutschland unter diesen Verhältnissen. Ein hemmendes Band legte sich dadurch, wenn auch nicht gerade unmittelbar, an das Fortschreiten seiner Zivilisation. Die deutschen Kaiser brauchten zu den Türkenkriegen die Päpste, was dem Anstreben der deutschen Nation gegen den beengenden, römischen Druck wenig Vorschub leistete; dazu kam, dass man auf alle Weise die Mittel zu diesen Kriegen aufzutreiben suchte und mitunter zu ungerechten Erpressungen griff. Zu diesen unerquicklichen Zuständen gesellten sich die nicht enden wollenden Fehden und Streitigkeiten im Reiche selbst. Zwei Kaiser rangen um Herrschaft und Anerkennung. Der böhmische Wenzel, von einigen Fürsten, den mainzer Erzbischof an ihrer Spitze, seiner Würde als deutscher Kaiser verlustig erklärt, widersetzte sich diesem Ausspruche. Ruprecht von der Pfalz, an seine Stelle erwählt, wusste sich nur teilweise Anerkennung zu verschaffen.

So standen die Reichsoberhäupter in Parteikämpfen einander gegenüber, während Gefahr von außen drohte und zwei, später sogar drei Päpste um die kirchliche Oberherrschaft sich stritten und jeder seine heiligen Rechte darauf nicht nur durch das überzeugende Wort, sondern auch durch die Stärke der Waffen zu behaupten suchte.

Diese unheilvollen Spaltungen und Fehden, diese herrsch- und ländersüchtigen Gelüste, welche durch alle Gauen und um die festen Mauern der Städte tobten, mussten diese erschüttern und einen schlimmen Einfluss auf das Leben darin ausüben. Die aufstrebenden Zünfte hatten sich schon häufig den Ansprüchen der Patrizier entgegengestellt, welche den Adel der Städte bildend sich weit über ihnen stehend dünkten und mit Hochmut auf das gewerbliche Treiben herab blickten. Das Bürgertum, bewusst seines Wertes und seiner Bedeutung, im stolzen Gefühle seines aus der Arbeit hervorgegangenen Reichtums strebte nach gleicher Berechtigung. Die allgemeinen verworrenen Zustände nährten die Gärung in den Gemütern und stellten die sich anfeindenden Elemente immer schroffer einander gegenüber. In den meisten Städten behaupteten sich die Zünfte siegreich gegen die Anmaßungen der Patrizier wie auch gegen rohe Gewalt von außen. Handel und Gewerbe, Künste und Wissenschaften fanden in ihrem Schoße noch immer einen sicheren Hort, soweit es die traurigen politischen und kirchlichen Zustände möglich machten. Mit vieler Beharrlichkeit wussten die Städte sich diese ihre höchsten Güter zu wahren – und da Druck stets Gegendruck erzeugt, Widerstand und Gefahr die Kraft stählt und zum Bewusstsein ihrer Notwendigkeit und Bedeutung bringt, fühlte auch das Bürgertum seinen Mut wachsen, damit seine Macht steigen, und die errungenen Rechte als ein unantastbares Heiligtum betrachten.

Der durch alle Zeiten fortlaufende Kampf des Lichtes mit der Finsternis, der Arbeit mit dem Drucke trat in immer bestimmterer Gestalt hervor. Zeigte sich auch hierbei vieles Bedauerliche, mancher momentane Nachteil, selbst Ungerechtigkeiten jeder Art, so entwickelte sich doch auch darunter der welterschütternde Keim, der die Reformation in sich barg, die mit Hus' Opfertod ihren eigentlichen Anfang nahm. Der Geist, der das Mittelalter gehalten, hatte sich überlebt, seine ritterlichen Tugenden waren zu einem Schattenbilde geworden, seine naturwüchsige Kraft dahingesunken und aus den Trümmern der gepriesenen deutschen Treue und Biederkeit blickten überall Verrat und rohe Gewalt hervor. Das ritterliche, stattliche Gebäude, geziert mit adeligem Sinn und frommer, naiver Anschauungsweise, von romantischem Zauber umwoben, war zusammengesunken und enthüllte bei seinem Einsturz seine Schattenseiten und Gebrechen, welche es wuchernd überzogen und zu bedauernswerten Auswüchsen sich gestalteten, nur zu sehr. Neues Leben und Weben wollte sich darüber hinweg in den Vordergrund drängen, allein der Boden war so unsicher, nirgends ein fester Halt darauf zu finden – und die Schwingen fehlten, um mit kühnem Fluge über ihn hinwegzukommen, frei und sicher über diese morschen Überreste sich zu erheben und über Länder und Meere die mächtigste Waffe, die seelenverbindenden Ideen, zu tragen. Es fehlte das vermittelnde Wort, die Zeichensprache, die in tausendfältiger Kunde die Gedanken, diese befruchtenden Kinder des Geistes mit elektrischer Schnelle, mit dem Leuchten des Blitzes von Ort zu Ort verbreitet, Raum und Zeit verbindet, Vergangenheit und Zukunft erhellt und so der Gegenwart den Weg zum Heile bahnt. Wohl schrieb man Pergamentrollen und dicke Folianten mühsam, in Jahre langer Arbeit, mit zierlicher Schrift und verwahrte diese Schätze sorgfältig in Archiven und Klöstern oder hinter goldenen Schlössern; – dem Gesamtleben gehörten sie nicht an, – sie waren nicht dafür bestimmt, auch nicht dafür geeignet und wurden ihm daher auch nicht zugänglich. Verstand doch selbst nur ein kleiner Teil Bevorzugter die Schrift zu entziffern, welche als eine schöne geheimnisvolle Blüte gepflegt wurde, deren Duft nur unter einer gläsernen Glocke ausströmen durfte. Mit der fortschreitenden Zivilisation regte sich auch das Bedürfnis nach einer größeren Verbreitung dieser Kunst und man sah in den Städten im Schoße reicher Familien sie pflegen, in Schlössern und Burgen sie üben von strebsamen Frauen und den der Kirche bestimmten Söhnen. Auch Schönschreiber tauchten auf, die bald eine eigene Zunft bildeten, aber für das allgemeine Leben war dies ein kleiner Gewinn, konnte von keiner Bedeutung sein, was mühsame Arbeit einigen Reichen und Bevorzugten als ein schönes, seltenes Kunstwerk darreichte.

Von den Städten, die an dem schönen Ufer des Rheins sich erhoben, war Mainz die begünstigste: ihre Bürger hatten von alten Zeiten her verteilhafte Freibriefe und Privilegien zu erringen gewusst, teils durch treue Dienste, welche sie ihren Erzbischöfen in Zeiten der Not erzeigt, teils durch mutvolle Abwehr weltlichen und geistlichen Druckes, teils auch durch den Einfluss, den sie mitunter auf die Wahl ihrer Erzbischöfe ausübten und daran vorteilhafte Bedingungen für sich zu knüpfen wussten.

Die reiche mächtige Stadt erhielt daher auch den Namen das »güldene Mainz« und ein gleichzeitiger Schriftsteller berichtet von ihr, dass sie mit Recht so genannt werde, indem sie strotze von stattlichen Häusern, herrlichen Kirchen und Klöstern und schönen Denkmalen; Künste, Handel und Gewerbe in ihren Mauern blühten, wie in keiner anderen Stadt am Rhein. Ihre Bürger dünkten sich so gut, als die reichen Patrizier, die allda in ihren stolzen Höfen wohnten und sie gingen einher, gleich den Vornehmsten. Das »güldene Mainz« habe nur den einen Fehler zu enger Gassen, sonst sei kein anderer in ihm zu finden. – Glückliche Stadt, von der man solches berichten konnte!

Wir wollen dich jedoch zuerst in einer deiner getadelten engen Gassen begrüßen, und dort in ein weitläufiges Gebäude eintreten, das ein kleines Quadrat einnahm, mit der Hauptseite an eine belebte Straße stieß, die andere aber an spitzgiebelige Häuser anlehnte und kleine winkelige Gässchen damit begrenzte. Das Gebäude selbst bestand aus verschiedenen an- und ineinander gefügten

Wohnungen, Treppen, Gängen und Winkeln und war über seinem Haupteingang mit der buntgemalten Holzfigur eines Heiligen, an den Ecken der Vorderseite mit vorspringenden Erkern geziert. Hinter dem Hauptteile ragte ein kleiner Turm hervor, gleichsam ein sicherer Mittelpunkt für die in verschiedenen Zeiträumen launenhaft zusammengefügten Steinmassen. Der Turm stand auf einem Teile des Gebäudes, der zwei Hofräume auseinander schied und durch schmale Gänge mit dem Haupthause verbunden war.

Hier wohnte der jüngere Sohn des Hauptzweiges der Familie Gensfleisch, der jedoch bereits ein Herr in guten Jahren war. Schon seit langem verheiratet, schien ihm nur ein einziger Nachkomme bestimmt, denn Frielo hatte bereits sein achtzehntes Jahr erreicht, als des Himmels Segen noch einmal die glücklichen Eltern mit einem Sohne beschenkte.

In einem kleinen Gemache, das etwas höher lag als die anderen Stuben und Kammern, gerade unter dem Turme, saß die noch recht jugendlich aussehende Mutter neben einer Wiege, in der ein schlummerndes Kind lag. Es war ein schöner Knabe mit lichtbraunem, geringeltem Haar und runden Wangen, weiß und rosig wie eine Maiblüte, holdselig lächelnd wie das Christkind in den gläubigen Träumen unschuldiger Jugend und so helle schimmernd, als ob der göttliche Atem, der die Seele dem zarten Körper eingehaucht, seine himmlischen Spuren darauf zurückgelassen hätte.

Ein schon ziemlich bejahrter Mann in dunklem Gewande stand angelehnt an den Sessel der Mutter und blickte über ihre Schulter hinweg mit sichtlicher Freude auf das ruhig schlummernde kleine Wesen, dann sah er wieder in die glückliche Miene der Frau, die von heilig stolzer Mutterfreude strahlte.

»Wirklich ein wunderbar schönes Kind, Frau Else«, sprach er nach einer langen Pause tiefen Schweigens. »Gottes Segen sei mit ihm immerdar!«

»Amen, Amen, guter Pater Martin!«, sprach die Frau in gedämpftem Tone nach und ihr Auge hob sich von dem Kinde hinweg, einen Augenblick andächtig empor, dann richtete sie es auf den Mann in dem dunklen Gewande, reichte ihm zu herzlichem Drucke die Hand und sagte: »So später Segen kommt doch wohl ganz absonderlich von oben. Meint Ihr nicht auch, Pater Martin?«

»Wir wollen's so annehmen, Frau Else«, erwiderte er gutmütig lächelnd. »Habt Ihr doch jetzt statt einer zwei Stützen eures Hauses.«

»Und einen Sohn für meinen Namen, guter Pater«, fiel sie schnell ein. »Will er doch erlöschen mit der alten Mutter, die man bald neben den Vater in der Kirche zum heiligen Franziskus betten wird. Bin ich doch die Einzige noch von den Gutenberg, – ein schwaches Zweiglein, das keinen selbständigen Namen trägt. Darum, dass er nicht ganz dahinsinke in der Zeiten Schoß und vergessen sei für immerdar, soll er ihn künftig tragen, er, Johannes, mein jüngster Sohn und«, setzte sie leise hinzu, »meines Herzens höchste Wonne. Frielo soll des Vaters Erbe sein«, fuhr sie nach einer Weile fort, »wie sich für den Erstgeborenen ziemt. Auch ist er mit Leib und Seele ganz ein Abkömmling seines Geschlechtes; – er pflanze seinen Namen fort, – Johann dagegen den meinen, er nenne sich Johannes Gutenberg.«

»Gensfleisch zum Gutenberg? So wird es euer Eheherr doch wohl nur wollen«, ergänzte Pater Martin.

Frau Else erwiderte nichts hierauf, doch ihr zufriedener Blick auf das Kind, ihr freundliches Lächeln, in das sich ein klein wenig Schalkhaftigkeit mischte, ließen vermuten, dass sie bei sich dachte: Ich will ihn schon lehren, mit meiner Liebe lehren, welcher Name ihm der werteste sei und durch ihn auf die Nachwelt kommen soll. Pater Martin beugte sich zu ihr nieder und flüsterte:

»Der Kleine da wird vielleicht einst ein gelehrigerer Schüler von mir werden, als es der Frielo gewesen. Dem ist Buch und Schrift nicht sonderlich wert, der läuft lieber hinaus und übt ritterliche Künste und lustiert sich bei fröhlichen Gelagen.«

»Er ist jung und frohen Sinnes, – lassen wir ihm seine Weise«, entschuldigte die Mutter. »Wie lange wird's noch dauern und mit der sorglosen Jugend hat's ein Ende. Soll er doch nach des Vaters Willen das Hofgut zu Eltville bald übernehmen, – dann muss er sich eine Ehefrau suchen und dann kommt der Ernst des Lebens schon von selbst, Vater Martin. Ihr wisst das nicht so – habt nicht Haus und Hof zu verwalten, nicht um Weib und Kind Euch zu sorgen.«

Der Pater schüttelte bei dieser Bemerkung ein klein wenig sein kahles Haupt, das ein schmaler Kranz früh ergrauten Haares umzog, und blickte fast vorwurfsvoll auf die milde, sorgende Mutter und ihr schönes Kind, dann sagte er mit etwas melancholischem Anfluge: »Da habt Ihr wohl recht, Frau Else, solche Sorgen drücken das Herz eines einsamen Lebenswandlers, wie ich einer bin, nicht – und er hat dennoch eine Heimat, die ihn jederzeit aufnimmt, einen Hort, der ihn beschützt in Not und Tod: die Kirche und das – Himmelreich. Aber seht, Frau Else, so trostreich, so beruhigend und erhaben das auch ist, wird eben doch das schwache Menschenherz nicht immer dadurch befriedigt. Dies kleine, rätselhafte Ding in unserer Brust hat Stellen, die, wenn auch lange überdeckt, oft plötzlich hervortreten, um mit ihrem irdischen Rechte hart bei uns anzuklopfen und dann das, Frau Else, was Ihr Sorgen nennt und der einsame Wanderer nicht hat, ihn in solchen Stunden nicht Sorgen, sondern Freuden bedünken wollen, gerade so wie sich's passte für sein irdisch Teil, das nun eben einmal der gütige Vater dort oben so und nicht anders geschaffen hat.«

Frau Else legte die Hand aufs Herz und sah den Pater teilnehmend und fragend an, als verlange sie noch weiter darüber von ihm zu hören. Er aber nickte ihr nur freundlich zu. Das sollte wohl heißen: Es ist genug, du hast mich schon verstanden, – und hast du's nicht, ist's auch gut – besser vielleicht, – dann fuhr er mit einiger Salbung fort:

»Jeder Stand hat seine Anfechtungen, jedes Menschenherz seine schwachen Stunden, wo es mit sich selbst zu ringen hat; – wohl dem, der pflichtgetreu daraus hervorgeht. Ich glaube, Frau Else, wir beide haben uns darüber keine Vorwürfe zu machen. Ihr seid das Muster einer ehrsamen Hausfrau, einer guten Mutter und getreuen Freundin; – ich erfülle, soweit meine Kraft ausreicht, die Pflichten meines heiligen Standes, wie auch diejenigen, welches ich vor zehn Jahren in eurem Hause übernommen habe. Dass Frielo nicht so viel gelernt, als Ihr gewünscht, war nicht meine Schuld.«

»Nein! Nein! Bei Leibe nicht!«, fiel Else eifrig ein. »Wer dächte je daran? Ihr gabt Euch Mühe genug. Lasst uns hoffen, Pater Martin, dass der kleine Johannes Euch mehr Freude als der Frielo machen wird und Ihr in ihm auch den Lohn Eurer Mühen finden werdet.«

Ein schlürfender, schwerfälliger Gang wurde draußen hörbar. Else horchte gespannt darauf, wie auf einen bekannten und doch überraschenden Laut, dann eilte sie rasch, aber leise, um das Kind nicht zu erwecken, der Türe zu, die sich eben öffnete. Eine alte Frau in gebeugter, fast gekrümmter Haltung, von einer Magd geführt, erschien darunter. Um ihre faltige Stirn lag ein silberweißer Scheitel, von einer schwarzen, schleierartigen Haube überdeckt. In den verwitterten Zügen konnte man noch einige Spuren früherer Schönheit entdecken, wenn man sie sorgfältig oder mit dem Auge der Liebe prüfte. Auf den ersten Blick jedoch hatten sie etwas Unheimliches. Das große, weitgeöffnete Auge starrte glanzlos und unbestimmt in die Ferne und die Farbe des Gesichtes war von gelblicher Blässe.

»Mutter, Ihr kommt zu mir? Wagt es, noch einmal auszugehen?«, fragte Else halb freudig, halb ängstlich.

»Es duldete mich nicht mehr zu Hause«, erwiderte die alte Frau, sich mühsam emporrichtend. »Der junge Spross trieb mich heraus, der bei Dir aufgeblüht ist. Kann ich ihn auch nicht sehen, so doch anfühlen und an mein altes Herz drücken – und dann zufrieden dahin gehen, von wo keine Wiederkehr.«

»Ich wollte den Enkel Euch bringen, Mutter, in der ersten guten Stunde, die es mir erlaubt auszugehen und dachte, das Kind morgen in Eure Arme zu legen«, sagte Frau Else, während sie sorglich die alte Großmutter an das Bett des Enkels führte.

»Zwischen heute und morgen liegen Stunden – liegt eine ganze lange Nacht«, sprach die Alte mehr zu sich selbst, als zu ihrer Tochter, dann tastete sie an der Wiege umher und fasste das Kind und rief heiter: »Da ist er ja, der kleine Erdensohn!« Sie nahm den schlummernden Säugling in ihre Arme und ließ sich mit ihm auf den Sessel nieder, an dem Pater Martin noch immer lehnte. Else rückte sich einen anderen Stuhl herbei und setzte sich neben die alte Mutter zum Schutze für das zarte Kind, das sie in den zitternden Armen der Blinden nicht recht geborgen glaubte. Diese betastete prüfend die Züge ihres Nachkommen; ihr schattiges Gesicht klärte sich dabei sichtlich auf und freudig sagte sie:

»Das ist ein Gutenberg.«

»So soll er auch heißen«, fiel Else ein. »Gutenberg – Gensfleisch zum Gutenberg. Es wird Euch so recht sein, gute

Mutter? Pater Martin meint auch, der späte Nachkömmling schlage ganz in das Gutenberg'sche Geschlecht.«

»Ist er hier, der Kinderpfaffe?«, fragte die Alte, lauschend das Haupt zur Seite neigend. »Warum regt Ihr Euch denn jetzt erst, Vater Martin?«, fuhr sie fort, als dieser zum Zeichen seiner Anwesenheit ihre Hand fasste. »Wisst Ihr doch, dass mir das Augenlicht fehlt und ich dem keinen Gottesgruß bieten kann, der sich mir nicht durch irgendein Zeichen kund tut.«

»Das heißt wohl, Frau Gutenbergin, ich hätte Euch zuerst einen Gruß bieten sollen«, erwiderte der Pater, »doch glaubt, im Herzen tat ich es bei Eurem Eintritt, aber seht, Euer Kommen hat uns so sehr überrascht – und wenn Ihr naht, sind Sinn und Gedanken nur darauf gerichtet, dass Euch kein Stein des Anstoßes im Wege liege, und da vergisst man leicht das grüßende Wort darüber.«

»Ja, ja!«, bestätigte die Blinde. »Und bedauert und bejammert die Unglückliche im Stillen, die nicht mehr ohne Führer sicher auf der Erde wandeln kann. Allein es ist so schlimm nicht, als Ihr meint, in dieser Dunkelheit zu leben. Man gewöhnt sich daran und schafft sich nach und nach ein ganz eigenes Licht in seiner Finsternis. Es mag wohl anders leuchten als des Himmels helles Auge und andere Farben die dunkle Welt schmücken, als unter seinem heiteren Blau die schöne Erde zeigt, doch mir ist's: Ich möchte diese mit jener nicht mehr vertauschen. Vor meinem umnachteten Blicke entwickeln sich oft wunderbare Dinge und Gestalten, wie ich keine im Leben geschaut, und dann deucht es mich, wenn das Augenlicht mir wiederkehrte, müsste es so helle, so furchtbar helle um mich werden, dass ich es nicht zu ertragen vermöchte.«

Sie sank nach diesen Worten erschöpft in den Sessel zurück und Else griff vorsorglich nach dem Kinde. Doch die zitternde Hand der Blinden ließ es nicht los und nach kurzer Frist beugte sie ihren welken Körper wieder über das junge Leben hin, das schlummernd auf ihrem Schoße lag und sprach in abgebrochenen Sätzen zu ihm nieder:

»Mein Leben geht zu Ende, doch in dir blüht ein Teil davon wieder auf und knüpft es so an die zukünftigen Zeiten. Werde stark und fest, du zarter Sprosse; – die Nacht, die mich umfängt, sei dein Erbe nicht, – und alles was sich mir je zwischen Trugbildern und dunklen Gedanken Hohes und Schönes geoffenbart, werde in dir und durch dich zu lebendiger Wahrheit.«

Tränen strömten nach diesen Worten aus ihrem starren Augenpaare; da – plötzlich rief sie mit gehobener Stimme:

»Großer Gott, wie wird mir? Ist mir doch, meine Nacht entweiche – und ich sehe einen Strahlenkranz meines Enkels Stirne umziehen, der einen Schein ausbreitet weit hin über Länder und Meere! Wird denn die Blinde sehend? – Mein Auge öffnet sich himmelweit – und – himmelwärts strebt meine Seele.«

Ihr Atem wurde schwer – ihre Hände hoben sich krampfhaft zitternd empor und während Else erschrocken mit den sorglichen Mutterarmen das Kind umschloss und fest an sich drückte, hob sich die zusammengekrümmte Gestalt der Blinden wie mit letzter, gewaltiger Lebensanstrengung hoch empor und in schauernder Freude rief sie aus:

»Die Dunkelheit entweicht meinem Auge – der Tod bringt mir Licht – ich sehe Dein Kind, Else, meinen Enkel – Johannes Gutenberg.«

Sie brach zusammen und hauchte ihren letzten Atemzug in Pater Martins Armen aus. Er rief nach Hilfe. Umsonst, die Tote erwachte nicht mehr. Das Kind aber, von Elsens Tränen erweckt, schlug seine hellen Augen groß auf und sah mit klarem Blicke umher. Bei all dem Jammer und Schmerz, der ihn umgab, lachte der Knabe dem Sonnenstrahl entgegen, der eben durch die kleinen, runden Schei-

15

ben blitzte und die Tote verklärend über ihr bleiches Antlitz zog, dann sog er gierig die warme Lebensquelle ein, die ihm die Mutterbrust darreichte. Else bekämpfte in liebender Sorge um das aufblühende Leben den Schmerz über das dahingegangene und wiegte still weinend, mit sanfter Hand den Säugling wieder in Schlummer: zu gesundem Erwachen, zu kräftigem Gedeihen.

2

Noch wenig angefochten von den Wirren der Zeit, den
Verhältnissen seiner Vaterstadt, wie auch den Ereignissen
in dem eigenen Hause, finden wir den kleinen Erdensohn
als einen schönen, doch etwas bleichen Knaben wieder
und zwar in seinem mütterlichen Stammhause, dem Hofe
zum Gutenberg, in den seine Eltern bald nach dem Tode
der blinden Großmutter von dem väterlichen Familiensitze übergezogen waren. Frau Else hatte eine gar große
Anhänglichkeit an das Haus, in welchem sie ihre ersten
Jugendjahre verbracht. Von immer her lag der Wunsch, da,
wo sie geboren, auch einst zu sterben, in der gemütlichen
Tiefe ihres Herzens, wie der Gedanke, durch einen ihrer
Nachkommen den Namen Gutenberg auf die Nachwelt zu
bringen, minder aus dem Stolze einer Patriziertochter bei
ihr entsprang als aus der Pietät, die sie für das Andenken
an ihre Ahnen bewahrte. Ihr Mann legte, teils auf ihren
Wunsch, teils aus eigenen Antrieb, sobald sie in den Hof
zum Gutenberg eingezogen waren, ihren Familiennamen
dem seinen bei und nannte sich von da an Friedrich Gensfleisch zum Gutenberg. Johann, der späte Nachkömmling,
sollte einst das mütterliche Stammhaus als Erbe erhalten
und Else trug stete Sorge, dass sein Name ihm nicht nur am
geläufigsten, sondern auch am wertesten werde.

Frielo, der ältere Sohn, hatte bereits ein Hofgut der
Familie Gensfleisch zugeteilt erhalten und sich in Eltville,
damals der bedeutendsten Stadt des Rheingaus, häuslich
niedergelassen. Dieses Abkommen war ganz nach seinem

Sinne. Er hatte hier einen schönen und auch recht einträglichen Sitz; – überdies war ihm seine Vaterstadt durch das mächtige Emporstreben der Zünfte, die seine Standesgenossen nur kurzweg die Alten nannten, längst unangenehm geworden und sein hochfahrender Sinn sträubte sich dagegen, ein Bürger von Mainz zu heißen, ein Prädikat, das die Patrizier mit den Zunftgenossen gemein hatten und um das in früheren Zeiten Ritter und Grafen sich beworben. In Eltville, dem Lieblingsaufenthalt der Erzbischöfe, konnte er sich den Vornehmeren inniger anschließen, deren Sitten und Ansprüche ihm mehr zusagten als die Bestrebungen des Bürgertums. Die geistlichen Oberherren des Erzbistum Mainz waren durch den großen Einfluss, den sie auf die weltlichen wie kirchlichen Angelegenheiten Deutschlands, besonders auch durch ihre gewichtige Stimme bei den Kaiserwahlen, ausübten, stets von vielen Großen des Reichs und dem Klerus umgeben. An ihren Höfer herrschte großer Luxus und ein üppiges Leben, das freilich zuweilen durch kriegerische Unterbrechungen gestört wurde, denn die meisten geistlichen Herrscher zeigten in damaliger Zeit mehr Lust an der Führung der Waffen, als an der Handhabung des Krummstabes.

Das bewegte Leben in der kleinen Stadt Eltville, die glänzende Hofhaltung dort, wie der Zusammenfluss des Adels, bot Frielo Gelegenheit, sich vornehmer zu gebaren, als es ihm im Hause seiner Eltern möglich geworden, – denn, obgleich sein Vater stets an der Spitze der Patrizier stand wenn es mit den Zünften einen Streit auszukämpfen gab und mit Stolz an den Vorrechten seines Standes hing, war er doch sonst ein ziemlich einfacher Mann und ein berechnender Hausvater, der sich nie über seine Verhältnisse zu erheben suchte. Else stimmte darin ganz mit ihm überein; dennoch hatte ihre mütterliche Nachsicht Frielo manches gestattet, was sie jetzt im Stillen beklagte.

Er brauchte mehr, als sich mit seinen Einkünften verein-
baren ließ und lud auf die Schultern seiner Ehehälfte die
Sorgen des Hauses, während er ritterlichen Vergnügun-
gen nachhing, welche mitunter sehr ausschweifender Art
waren. Die Ritterschaft, die das Ende ihrer Bedeutung her-
annahen sah, trachtete darnach, noch mit vollen Zügen die
rohe Lust ihrer hinsterbenden Herrlichkeit zu genießen.
Raffinierte Freuden und himmelschreiende Grausamkeiten liefen dicht nebeneinander her, standen im engsten
Verbande miteinander. Das Landvolk hatte schwer darunter zu leiden und auch um die geschützten Städte tobte
es oft unheilverkündend. Die kleine Stadt Eltville auf dem
rechten Ufer des Rheins, wie der ganze Rheingau überhaupt, war jedoch trotz dieses Treibens durch die Gunst
der Erzbischöfe von Mainz und mehr noch durch die
uralten Rechte und Freiheiten, die sich das Volk, bei allen
Anmaßungen, Aussaugungen und Bedrückungen des zahl-
reichen begüterten Adels wie der vielen Klöster, in diesem
kleinen abgeschlossenen Landstriche zu bewahren wusste,
zu dauernder Bedeutung und Wohlstand gelangt. Die frühzeitig entwickelte Kultur des Rheingaues, dieser von der
Natur so sehr bevorzugten Länderstrecke, war nicht leicht
zu Grunde zu richten und ging selbst aus verheerenden
Kriegszügen immer wieder mit neuer Lebenskraft hervor.
Niedergebrannte Dörfer und Gehöfte erstanden, kaum
vernichtet, mit Blitzesschnelle wieder, – die herrlichen
Reben schossen immer wieder auf, blühten, dufteten und
boten ihre reichen Früchte dar wie das Feld sein üppiges
Korn, die Bäume ihr prächtiges Obst. Freilich zumeist den
hier begüterten Städtern oder dem Adel, der seine Burgen
und Schlösser auf den Bergen und in der Ebene längs des
Rheines hin aufgebaut – und den reichen Klöstern, die
allenthalben in den grünen Hainen versteckt lagen oder
weit hinschauend auf schönen Rebenhügeln sich erho-

ben. Dem Landmanne kam großenteils nur die Arbeit, die Mühe zu, ihm war hauptsächlich die Aussaat – die Ernte den Herren; und auch auf diesem gesegneten Boden konnte nur die Minderzahl aus vollem Herzen ausrufen: »Mein Herr und Schöpfer, ich danke dir für den Lohn, mit dem du meinen Fleiß gesegnet!«

Das Gut, das Frielo als Erbe erhalten, war ein hübsch abgerundetes Stück Erde, aus dem sich, wenn auch nicht gerade Reichtümer, doch Wohlhabenheit erzielen ließ, allein bei seinen Neigungen hatte seine Hausfrau Mühe, nur einem schnellen Rückgange vorzubeugen und Else musste sie darin mit mütterlicher Liebe unterstützen. Diese hoffte nun freilich mit dem nicht leicht versiegenden Muttervertrauen, dass Frielo bald diesen Jugendneigungen entsagen und dann noch ein recht guter Gatte und Vater sein werde, fand aber doch geraten, das Erbe seines jüngeren Bruders so sicher als möglich zu stellen und kaufte, was damals häufig geschah, in ganz besonderer Fürsorge noch einige Gülten für ihn auf Häuser und bei Stiften ein, die ihm einst eine bestimmte jährliche Rente von der Stadt abwerfen sollten.

»Das Alter rückt so schnell heran«, sagte sie bei einer solchen Gelegenheit zu Pater Martin, der in allen Dingen ihr Vertrauter war, »dass es heilige Pflicht ist, wenn man noch einen so jungen Sprossen hat, weislich für ihn zu sorgen und Sparpfennige für ihn niederzulegen, nach denen er in Zeiten der Not greifen kann. Mein Eheherr denkt hauptsächlich nur an seinen Erstgeborenen. Frielo ist bei allen seinen Fehlern der Liebling seines Herzens.«

»Wie Henne der Eure!«, fiel der Pater lächelnd ein.

»Muss ich denn nicht die Waagschale der elterlichen Liebe im Gleichgewicht halten?«, eiferte sie.

»Und muss man dem Henne nicht gut, nicht ganz besonders gut sein bei der eigenen Art, die er hat, und«, setzte sie seufzend hinzu, »die ihm leider das Herz des Vaters entfremdet.«

Pater Martin nickte beistimmend, doch äußerte er keine Meinung darüber und sie fuhr nach einer Weile fort:

»Überdies in schlechten Zeiten, wie die jetzigen, sorgt man nie zu frühzeitig für seine Kinder. Sieht es doch allenthalben gar so unerfreulich aus. Zwistigkeiten unter den Großen im Reiche draußen, – böse Händel um Kaiser und Papst, – Kriege mit den Türken; – und auch über unserer Stadt, guter Martin, will die Sonne nicht mehr so helle leuchten, wie einst, wo man sie das güldene Mainz getauft hat.«

»So ist's, Frau Else«, bestätigte der Pater mit einem tiefen Seufzer, sein kahles Haupt langsam auf- und abneigend. »Das macht der Hochmut, dieser schlimme Geselle; guckt er doch selbst aus jedem niederen Hause recht keck hervor und das tut nicht lange gut, denn Hochmut kommt vor dem Fall, sagt das Sprichwort und es hat Recht. Wissen doch die Zünfte den Kopf nicht mehr hoch genug zu tragen, gerade, als säße eine Krone darauf aus purem Gold und das Handwerksgeräte in ihrer Hand sei ein Zepter, mit dem sich's regieren ließe. Kann nicht so fortgehen, Frau Else. Jedem das Seine. So nur tut's gut in der Welt.«

»Freilich wohl«, erwiderte sie. »Aber es steht alles nicht mehr an seinem rechten Platze und nirgends ist's so, wie gut wäre. Seht, Pater Martin, ist's doch selbst mit dem Heiligenscheine, der um das Haupt der geistlichen Herren schimmern sollte, nicht mehr beim Rechten. Er leuchtet gar trübe und gar nicht in dem reinen Lichte des Christentums. Strahlte er die rechte Helle aus wie der Schein, welcher das Haupt des Herrn auf seiner Wanderung hienieden umflossen, schämte sich gewiss mancher seiner bösen Gelüste, und Hochmut und Herrschsucht und Neid würden sich demütigen vor seiner göttlichen Macht. Auch bei uns von altem edlem Stamme ist's anders als recht und gut, – was Wunder, dass es oft herbe Zusammenstöße gibt, die das Wohl der Stadt, das allgemeine Beste untergraben. Meines Erachtens sollte das über allem stehen. Meint Ihr nicht auch so, guter Martin?«

»Euer weiser Sinn trifft stets das Wahre«, sagte er zustimmend, indem sein Auge mit gar freundlichem, wohlwollendem Blicke auf Else verweilte. Nach einer kleinen Pause fuhr er fort: »Was können wir aber hiebei tun, wenn wir auch die richtige Einsicht hätten? Es ist eben eine schlimme Welt, man muss sich in Geduld hinein finden und denken, es sei Gottes Wille so.«

Else warf einen langen Blick auf ihren Freund und schüttelte dabei ein wenig ihren Kopf, als wäre sie nicht ganz seiner Ansicht und glaube auch nicht, dass es ihm so recht ernst damit sei. Doch widersprach sie ihm nicht; – auch nahm eben ein dumpfes Geklopfe, das von oben herabschallte, ihre Aufmerksamkeit in Anspruch; der Pater hob gleichfalls bei diesem Laute seinen Kopf lauschend empor.

»Er ist wieder in der Kammer droben«, sagte Else nach einer kleinen Weile. »Man kann's ihm nicht abgewöhnen. Wäre er nur vorsichtiger, dass keine so lauten Töne hörbar würden! Weiß er doch, dass sein Vater stets Ärgernis daran nimmt. – Hat man nicht seine liebe Not, wenn man mit seinem Herzen so mitten drin steht zwischen Vater und Kinder!«

»Ihr solltet eigentlich von Gott und Rechtswegen dem Willen Eures Eheherrn unbedingt nachkommen«, mahnte der Pater. Die Heilige Schrift will es so, sie sagt: »Er soll dein Herr sein.«

»Ja, ja, ich weiß es«, fiel Else schnell ein und ein schalkhaftes Lächeln verzog ihren Mund und machte ihr mildes Gesicht gar anmutig. »Aber, seht, guter Pater, immer, so in allen Dingen wäre dies wirklich nur vom Übel. Ihr dürft es kecklich glauben: Ein wenig eigener Sinn und Willen ist jeder Frau von Nutzen. Ohne ein bisschen Klugheit geht's nun eben einmal so wenig im Hausstande wie in der Welt draußen. Was nun gar den Johann betrifft, müsst Ihr doch selbst eingestehen, dass es keine Sünde ist, was er tut, – ein unschuldiger Zeitvertreib, – weiter nichts. Wäre er gleich anderen ein wilder Junge und lief wie ein losgelassenes Füllen draußen herum, er täte gewiss Übleres. Nahmt Ihr denn je«, fuhr sie eifriger und mit leuchtenden Augen fort, »in irgendetwas einen niedrigen Hang bei ihm wahr, wie es mein Eheherr in seinem kindlichen Treiben finden will? Ist nicht sein Blick so gerade aus, so offen und ernst und zeugt nicht alles, was er spricht, von edlem Sinn und hohem Geist? Weshalb also seine unschuldigen Freuden, die glückliche Kindheit ihm trüben?«

»Ihr tut es nicht, Frau Else«, erwiderte der Pater, »und möcht' recht haben, – müsst es jedenfalls mit Euch selbst abmachen, wie weit Ihr Eurem Eheherrn Gehorsam schuldet. Ich mahnte Euch nur wegen dem Johann deshalb, weil's Euch schon manche Träne gekostet hat und jede Träne, die Ihr weint, recht schmerzlich in meinem Innern brennt.«

Else reichte mit freundlichem Blick dem Pater ihre Hand zum Drucke und sagte:

»Guter Vater, die Träne, mit der die Mutter ihrem Kinde eine Freude erkauft, ist keine herbe. Sie ist nur der schimmernde Tau, der auf ihre Lieblingsblume nieder- fällt, sie zu erfrischen. Doch geht jetzt hinauf und holt ihn, dass er an dem Lerntische sitzt, wenn der Vater heim- kehrt; denn kommt auch der Tau einer Pflanze zu gut, ist er gleich ein Liebesgeschenk des Himmels wie der erwärmende Sonnenstrahl, tut dieser zu ihrem Gedeihen doch noch mehr not; – und der häusliche Friede ist der Sonnenschein, der das gedeihliche Wachstum der Kinder befördert. Drum geht, guter Pater, geht und bringt den kleinen Klopfer zur Ruhe.«

Pater Martin stieg kaum hörbar eine enge Treppe hinauf bis unter das Dach des Hauses, dort legte er einen Augenblick horchend sein Ohr an eine angelehnte Türe, drückte sie dann etwas auf und steckte seinen Kopf zwischen die Spalte. Ein etwa dreizehnjähriger Knabe saß am Boden einer kleinen Kammer, in der allerlei altes Gerümpel umherstand, und schnitzelte eifrig an einem Stückchen Holz. Er war so in tiefe Arbeit vertieft, dass er den Lauscher nicht bemerkte. Wie Martin herantrat und die Hand auf seine Schulter legte, fuhr er erschrocken zusammen; doch kaum erblickte er den Pater, als er auch schon beruhigt zu ihm auflachte und heiter rief:

»Was habt Ihr mich erschreckt! Warum schleicht Ihr denn wie eine Katze zur Türe herein? Wisst Ihr doch, was ich hier in meiner Werkstätte schaffe und braucht nicht zu spionieren.«

»Deine Werkstätte?«, wiederholte der Pater in tadelndem Tone. »Gewöhne dir doch dergleichen Benennungen nicht an; sie lauten gar schlecht in einem Patrizierhause. Du machst dir hier Zeitvertreib, weiter nichts. Es ist auch genug damit.«

»Sieht es aber nicht gerade wie in einer Werkstätte hier aus?«, beharrte der Knabe, mit sichtlichen Vergnügen auf einige umherliegende Hämmer, Meisel und dergleichen Handwerkszeug schauend.

»Bst, bst!«, wehrte der Pater. »Sage das nicht wieder. Hörst du, Henne, – weißt ja – dein Vater. – «

Der Knabe hatte nicht viel Acht auf diese Mahnung. Das Stückchen Holz, an dem er schnitzelte, schien seine Aufmerksamkeit mehr zu fesseln, denn er arbeitete emsig daran fort mit beinahe ungeduldiger Hast. Endlich warf er es bei Seite und rief verdrießlich:

»Er will nicht, wie ich will, der rohe Klotz!«

»Ist eben gerade so eigenwillig wie du«, setzte der Pater hinzu.

»Bin ich denn Euch und der Mutter nicht stets gehorsam?«, fragte Johann und nahm das Holz wieder zur Hand.

»Freilich wohl. Das heißt, zuweilen nicht immer, Henne, nicht immer. Denn, dass du so viel hier oben bist und schnitzelst und meißelst und gar hämmerst, ist just nicht unser Wille; – doch, wenn du nur nicht so laut dabei würdest, ging's eher an, aber du klopftest ja vorhin wieder, als wärst du der Meister Goldschmied aus der Hintergasse.«

»Ich wollte das nicht, Pater Martin, aber es geht eben nicht immer ohne einige tüchtige Schläge und die fallen dann wie von selbst.«

»Wenn's aber dein Vater hört? Weißt ja doch, er mag solche Töne, von deiner Hand und in seinem Hause, nicht hören – und –«

»Ja, und dann werd' ich geschmäht«, fiel Johann ein – »und der Mutter kostet's Tränen. Ich will künftig vorsichtig sein, Pater Martin, gewiss recht vorsichtig, – nur lasst mir mein Wesen hier in der Kammer. Seht, es ist gar zu schön, wenn man aus einem rohen Stückchen Holz, Stein oder Metall etwas fertig bringt, das irgendeine Idee ausdrückt in Figuren, Form und Zeichen. Ich habe schon manches zu Wege gebracht, wenn auch unvollkommen, aber es ist doch etwas. Mein Kasten füllt sich immer mehr an.«

Er sprang bei diesen Worten auf und zog hinter einem großen Rauchfang, der durch die Kammer lief, eine Kiste hervor, in welcher sich allerlei kleine rohe Kunstprodukte befanden. Der Pater sah kopfschüttelnd auf diesen Kram und fragte:

»Hast du denn auch darüber nicht vergessen, dein Latein zu lernen und zu schreiben, und zu lesen?«

»Nein, nein«, versicherte der Knabe mit Eifer, »das tue ich ebenso gerne, als hier oben arbeiten.«

»So komm jetzt mit herunter, dass ich mich davon überzeuge«, ermahnte der Pater, doch Johann setzte sich auf den Kasten, schnitzelte an dem Holze fort und bat:

»Habt nur noch ein klein wenig Geduld, seht, das raue Holz ist schon glatt, ich will nun noch probieren, ob sich etwas darauf eingraben lässt, Buchstaben, Zahlen, Namen, Worte, Sprüche, so wie es der Meister Goldschmied drüben macht.«

»Das dauert zu lange«, widersprach Martin. »Komm Henne, der Vater wird bald unten sein und nach der Lernstunde gehen wir hinaus ins Freie.«

»Vor die Musterpforte? Nicht, guter Pater?«, fiel der Knabe rasch ein. »Zu den Römerdenkmalen! Da suchen wir nach Inschriften und finden vielleicht eine Urne oder einen Krug mit schöner Schrift darauf. Es freut mich immer, ach, ich kann gar nicht sagen wie, wenn die Buchstaben so deutlich da stehen, wie für die Ewigkeit eingegraben, viel fester als auf den Pergamenten und dicken Folianten, die Ihr in den Klöstern schreibt.«

»Wäre aber doch allzu mühsam, auf Stein oder in Erz ganze Historien einzuschneiden«, bemerkte der Pater lächelnd. »Da würde es kaum ein Buch in der Welt geben«

Der Knabe sah nachdenklich, fast traurig vor sich nieder, – seine linke Hand, die das Holz hielt, fiel schlaff an seiner Seite herab und in die rechte stütze er seinen lockigen Kopf. Der Pater betrachtete ihn teilnehmend und forschend, während der Knabe vor sich hinmurmelte:

»Er hat recht. In Stein und Erz kann man keine langen Geschichten schreiben; mit der Feder auf Papier und Pergament geht es viel schneller – und doch so langsam. Ja, wenn man mit hundert Federn zugleich schreiben könnte! – Ich wollte ich wär's im Stande, – dann sollt's Bücher geben in der Welt, dass sich jedes daran erbauen könnte und wissen sollte jedermann, was je in der Welt geschehen und stündlich drin vorgeht, – und auch Gottes Wort sollte in jedem Haus zu finden sein. Aber niemand kann mit hundert Federn zugleich schreiben!«

»Doch auch eine Hand und eine Feder kann viel leisten, Johann«, bemerkte der Pater mit ungewöhnlichem Ernst. »Willst du es vielleicht versuchen? – Dann gehe in ein Kloster. Da kannst du der Gelehrsamkeit leben, kannst schreiben, so viel du willst und auch meißeln, drehen und hämmern nach Herzenslust. Schon oft stand in meinen Gedanken, ein Sinn wie der deine passe am besten für ein stilles, beschauliches Leben, doch wagte ich es nicht zu äußern, weil ich nicht wusste, ob's deiner Mutter recht sei und –«, setzte er leiser hinzu, »ich ihr keinen Gram bereiten möchte, selbst um des Himmelreichs Willen nicht.«

»Ich in ein Kloster gehen, ein Mönch werden?«, sagte Johann nachdenklich und sein Kopf senkte sich noch tiefer herab; – da schallte aus der Dachluke des Nachbarhauses eine helle Stimme herüber und zu gleicher Zeit blitzte ein Sonnenstrahl über des Knaben Gesicht und erhellte die etwas düstere Kammer.

»Ich mag in kein Kloster gehen«, rief Johann aufspringend und drückte mit kräftigem Rucke den Kasten gegen das schräg ablaufende Dach, dann stellte er sich darauf, öffnete einen kleinen Laden und spähte hinaus. Nach kurzer Frist drehte er sich mit erglühendem Gesicht wieder um und sagte:

»Meister Helferichs Margarethe war's. Sie gab mir ein Zeichen, dass ich heute Abend hinüber kommen soll. Es gibt gewiss in ihres Vaters Werkstätte etwas Schönes zu schauen. Wenn wir vom Spaziergang kommen, lasst Ihr mich doch hingehen? Nicht wahr, guter Pater? Ihr sprecht so lange beim Paten Hennel ein. Ich rufe Euch dann zur rechten Zeit dort wieder ab.«

»Da höre einer den Vielversprecher! Als ob du dies je rechtzeitig getan hättest – und nicht alles vergäßest, wenn du bei Meister Helferich und seiner Grethe steckst? – He, Junkherr Gensfleisch zum Gutenberg, was soll denn schließlich daraus werden? Will er vielleicht die Goldschmiedekunst erlernen und einst gar eine Werkstätte in seinem alten Patrizierhause aufschlagen?«

»Seid doch nicht so mürrisch«, bat der Knabe. »Wisst Ihr doch, dass ich nichts gegen der Mutter Willen verlange, noch tun werde.«

»Dann fährst du gut,« erwiderte schnell beschwichtigt der Pater und streichelte über die lichtbraunen Locken des Knaben, als ob es ihm reue, ihn hart angelassen zu haben; dann nahm er liebreich seine Hand und führte ihn hinab in die Stube, wo Else ihrer sehnlichst harrte und spähend von Zeit zu Zeit auf die Straße hinabsah, ob ihr Eheherr nicht etwa früher komme, als der Pater mit seinem Zögling. Doch ihre Furcht war heute eine überflüssige; die Lernzeit war bereits um und ihr Mann noch nicht heimgekehrt. – Ihre mütterliche Liebe kam zuweilen in Konflikt mit den Pflichten, welche sie ihrem Manne schuldig zu sein glaubte. Sie wusste zwar mit echt weiblicher Philosophie sich über schwierige Punkte hinüber zu helfen, allein der einfache Weg der Wahrheit war ihr doch stets der liebste. Konnte jedoch damit der Stein des Anstoßes nicht ganz beseitigt werden, nahm sie die Verantwortung stets bereitwillig auf die eigenen Schultern und verstand es mit dem sicheren Takte, der aus der Tiefe des weiblichen Gemütes entspringt, die scharfen Ecken zu runden, das Raue zu glätten, dem Herben einen süßen Beigeschmack zu geben. So lebte sie, trotz mancher wesentlichen Verschiedenheit in ihrem Inneren, doch in stetem guten Einvernehmen mit ihrem Manne und eine eigentliche Störung des häuslichen Friedens kam nie vor, obgleich die ganz entschiedene Vorliebe des Vaters für den erstgeborenen Sohn, wie der Mutter übergroße Zärtlichkeit für den späten Nachkömmling häufig Veranlassung dazu bot. Nach beendigtem Unterricht, bei dem heute Johann einen ganz besonderen Eifer gezeigt, hing er sich an der Mutter Hals und bat mit einem Kuss auf ihre Wange, ob er später zu Helferichs Margarethe hinübergehen dürfe. Sie winkte zustimmend und wechselte einen schnellen Blick des Einverständnisses mit dem Pater.

Kaum war dieser mit seinem Zögling auf der Straße angelangt, als sich ihnen ein hochaufgeschossenes Mädchen von Johannes' Alter anschloss und diesem zuraunte:

»Ich gehe mit dir. Es ist so eng und schwül in der Stadt und draußen ist alles so schön grün und frisch.«

Johann fasste freundlich des Mädchens Hand und flüsterte: »Kommen wir zurück, nimmst du mich mit in deines Vaters Werkstätte.«

Nach dieser schnellen Übereinkunft lachten sie fröhlich einander an; – allein der Pater sah nicht recht zufrieden damit aus, doch wandte er nichts gegen die Begleitung des Mädchens ein. Sie kamen durch verschiedene enge und weitere Gassen, bis sie endlich ein hohes Tor, die Münsterpforte genannt, erreichten. Hier traten sie ins Freie und gingen auf einem schmalen Pfade hin, der durch ein kleines anmutiges Tal führte, welches hügelartige Anhöhen begrenzten. Es war ein stiller, friedlicher Gang, – für das muntere Mädchen viel zu still. Sie stieß auch bald den Knaben in etwas derber Weise an und flüsterte:

»Sag' deinem Pfaffen, dass er uns Geschichten erzählt. Weißt – so Geschichten aus alter Zeit – von den mächtigen Römern, die einst hier gehaust, und von den Märtyrern, die sie wie den Bischof Aureus totgeschlagen, – oder noch lieber von den Fehden, welche es in der Stadt gab zwischen den Alten und den Zünftigen und wie diese sie einmal über den Rhein hinübergejagt. Weißt, Johann, vor langer, langer Zeit.«

Der Knabe warf einen prüfenden Blick auf den Pater, dann sagte er zu seiner Gespielin:

»Er erzählt jetzt nichts, Grethe. Wenn er ein so stilles Gesicht macht, mag ich ihn auch gar nicht drum bitten.«

»So lass uns Blumen und Steine sammeln«, schlug sie lebhaft vor und sprang davon, eine Anhöhe hinan, in deren grünes Kleid der Frühling seine buntesten Blumen eingestreut hatte. Johann folgte ihr etwas langsamer nach, doch bald hatte ihre kindliche Lust ihn mit fortgerissen und er tollte gleich ihr in wilder Freude umher.

Pater Martin schritt langsam weiter und das helle Lachen der Kinder begleitete fast ununterbrochen seinen gleichmäßigen Gang. Zuweilen nur hemmte er seinen Schritt, um nach seinem Zögling und Margarethe hinzusehen.

»Was kümmere sie sich um Parteikämpfe und Standesunterschied«, murmelte er. »In kindlicher Lust sind sie eins – ein Herz und ein Sinn. Nicht recht ist's wohl, sie darin zu stören – und doch verlangt's die Notwendigkeit so. Die Welt ist einmal nicht anders – man muss sich schicken lernen in Zeiten! Er darf nicht lange mehr in dem Handwerkerhause aus- und eingehen und sie, das große Mädchen, nicht mehr mit ihm herumjagen, als wäre sie ein wilder Knabe. Sie gehört fortan ins Haus, hinter den Herd und an den Spinnrocken. So verlangt's Zucht und Sitte. Taten's doch von immer her selbst die Fräulein so. Freilich will's jetzt anders werden und diese Handwerker, diese reichen, mächtigen Zünfte glauben gar, sie seien die eigentlichen Herren der Welt und lassen ihre Kinder mehr lernen, als mancher Fürstensohn erzählen kann, der nur das Schwert zu handhaben versteht. Ja, ja, es wäre schon gut das, aber ihr Hochmut wächst damit an, dass er nicht mehr weiß, wo hinaus – und dann – was wird's dann geben?«

Er schritt weiter. Ein klösterliches Gebäude trat jetzt hervor, das sich grau und mauerumgrenzt, lang und schmal an einer waldumwachsenen Anhöhe hinzog. Ihm gegenüber zeigte sich eine Reihe riesiger Mauerpfeiler: die Überreste einer römischen Wasserleitung, die einst hier in kühnen Bogen frischen, klaren Trank über das Tal hinweg in das römische Lager führte.

»Der eine Bau zerfällt, ein anderer steigt dafür empor«, sagte der Pater, sein Auge von dem Kloster hinüber auf die Trümmer emsiger Macht und Größe heftend, dann sah er wieder auf das stille, graue Haus und fuhr, sein kahles Haupt trauernd abwärts neigend, fort: »Auch du wirst nicht ewig bestehen, obgleich dich eine Macht gegründet, die sich eine ewige nennt. Ewiges Rom, auch an dir nagt der Wurm der Zeit, die Gebrechen der Erde, die du von deinem heiligen Stuhle nicht fern zu halten wusstest. Wo ist der wahre Stuhl Petri zu finden bei diesem unseligen Kampfe um seinen Besitz, bei diesem Streben nach irdischer Macht? Wo ist dein wahrer Stellvertreter, mein Herr und Heiland, wenn mehrere sich also nennen? Muss nicht jeder Glaube wanken und auch in euch, heilige Stätten, der böse Geist einkehren, der euch vernichten wird. Was soll einst an eure Stelle treten«, fuhr er, an dem Kloster aufsehend, fort, »die ihr bestimmt seid, frommen, christlichen Sinn zu pflegen, und was der Sturm der Zeiten zu verwüsten droht, in euren heiligen Räumen zu bergen?«

Er lehnte sein kahles Haupt an die graue Mauer und zerdrückte eine Träne, die ihm ins Auge getreten. Da rief die jugendliche Stimme Johanns vom anderen Ende des Klosters her:

»Pater Martin, kommt schnell herbei, wir müssen forschen, was hier auf diesem Steine steht, – seht nur

31

den losgelösten Stein, – sonderbare Zeichen sind darauf eingegraben.«

Der Knabe bemühte sich, einen ziemlich großen Stein vollends von der Klostermauer abzulösen und von dem Moos und Schmutz, das ihn teilweise bedeckte, zu reinigen.

»Es ist kein Römerstein«, rief er dem herzukommenden Pater entgegen. »Nicht lateinische Ziffern und Lettern sind es, die darauf stehen. Es sind Symbole älterer Zeiten. Erkennt Ihr sie nicht?«

Martin verneinte es und meinte, Johann solle sich nicht daran abmühen. Doch der Knabe ließ nicht so schnell von seinem Fund und sagte anmutig:

»Dass man nicht gleich alles erforschen kann, ärgert mich. Sicher rührt dieser Stein von den alten Deutschen her. O, dass sie nicht schreiben konnten wie die Römer, um ihre Taten und Geschichten selbst aufzuzeichnen für die Nachwelt. Die Schrift, Pater Martin ist doch die schönste Wissenschaft; – nur schade, dass man sie so langsam zu Wege bringt und die Bücher ein so seltener, so teurer Schatz sind, der begraben liegt in Klöstern und Archiven.«

Ein jubelnder Zuruf von dem höchsten Mauerpfeiler unterbrach Johanns Gedankengang. Margarethe stand triumphierend oben und forderte ihn auf, es ihr gleich zu tun. Er warf mit dem leichten Übergange von dem einem zu dem anderen, der in seinem Alter lag, den Stein zu Boden und eilte flüchtigen Fußes über den Wiesenplan und stand nach wenigen Minuten an der Seite seiner Gespielin. Über ihnen wölbte sich der tiefblaue Maihimmel in wolkenloser Klarheit und unter ihnen rings um sie her lag der Frühling ausgebreitet in seiner wunderbaren Farbenpracht. Milde Lüfte trugen seine süßen Düfte zu ihnen hinauf und mit ihren fröhlichen Stimmen mischten harmonisch die gefiederten Sänger ihr Lied. Wie die glücklichen Beherrscher des Lenzes standen die Kinder auf der Spitze der hohen

Säule und sahen in übermütiger Freude umher. Zwischen den Bäumen, so grün und laubig und noch hin und wieder mit Blütenbüscheln geschmückt, ragten die Türme der Stadt hervor und hinter ihnen und weiter abwärts zog sich eine Reihe duftig blauer Berge hin. Die Sonne senkte eben zum Scheidegruß ihr goldenes Auge mit doppelter Liebe auf sie nieder und küsste sie so innig, dass ihre Gipfel in rosigen Schimmer erglühten und der Himmel über ihnen mit Purpur sich färbte. Margarethe jubelte immer lauter in den schönen Abend hinein, – Johann wurde stiller und sah bald sinnend aufwärts in das lichter werdende Blau des Himmels, bald hinab in die Tiefe, welche in Schatten sich hüllte. Drüben an der grauen Mauer des Klosters lehnte unbeweglich der Pater und seine dunkle Gestalt sah fast unheimlich aus. Johann deutete halb erschrocken auf ihn hinunter, doch Margarethe rief sogleich in lustiger Weise:

»Was steht Ihr dort wie ein hölzernes Heiligenbild, Pater Martin? Kommt doch herauf zu uns. Ach Gott, wie ist es schön hier oben, so hell und luftig – und die Lerchen wirbeln und trillern, dass es eine wahre Herzenslust ist; – kommt, probiert's nur, – nehmt einmal einen rechten Anlauf, – nur keck immer vorwärts, dann glückt's schon.«

»Ja, wer Flügel hätte oder so viel Jugend in den Gliedern wie ihr!«, seufzte der Pater. »Bei euch ist's Frühling durch und durch, – bei mir aber ist es Herbst, und der Winter steht überall vor meiner Türe.«

Im Kloster fing es an, langsam und monoton zu läuten. Es war das Sterbeglöcklein. Der Pater bekreuzte sich und ging mit etwas hastigen Schritten dem steinernen Pfeiler zu, auf dessen Spitze die lebensfrohen Kinder standen.

»Kommt herab, doch hübsch langsam und vorsichtig, dass euch nicht Übles geschieht«, ermahnte er.

»Ist's euch bange um uns, Pater Martin?«, lachte das Mädchen zu ihm hinab und trat keck auf den äußersten Rand. Da wankte ein Stein. Sie glitt aus und rutschte abwärts. – Der Pater schrie entsetzt auf. Johann wollte ihr nach, doch schon hatte sie ein hervorstehendes Stück Mauer erfasst und hielt sich daran fest; allein das gewährte nur momentane Sicherheit. Händeringend stand Martin unten und flehte den Himmel um Hilfe an. Johann legte sich platt auf den Boden, beugte sich über den Pfeiler hinaus und sie packend mit aller seiner Stärke zog er das Mädchen aufwärts, das von dem Instinkte nach Rettung geleitet, sich an dem rauen Mauerwerke zu stützen und emporzuhelfen suchte. So kam sie nach einigen Minuten der höchsten Todesgefahr wieder auf der Spitze des Pfeilers an, doch beschädigt, blutend aus vielen kleinen Wunden. Johann zerriss sein Kleid, um sie damit zu verbinden; – er wischte das Blut aus ihrem Gesicht, von ihrem weißen Hals und suchte mit tröstenden Worten ihren Schmerz zu besänftigen, ihre Tränen zu trocknen. Bald lachte sie ihn auch wieder an und sagte:

»Ich danke dir, Johann! Du hast mir das Leben gerettet, – nur durch deine Hilfe atme ich noch. Hier hast du meine Hand, – lasse uns treu zusammenhalten immerdar, was auch die Alten dazu sagen mögen, – dein Sinn steht doch mehr zu uns. Werde einer der Unseren und meines Vaters Werkstätte soll einst die deine werden. Hast du doch so große Freude an der Goldschmiedekunst und bist so gerne bei mir.«

Sie sprach das alles schnell heraus; doch kaum hatte sie geendet, als ein hohes Rot ihr erblasstes Gesicht überzog und sie betroffen die Augen niedersenkte. Sie war sich plötzlich bewusst, dass sie etwas von allzu tiefer Bedeutung gesagt und sie wagte nicht, den Knaben, den sie häufig hofmeisterte, anzusehen. Allein er schien die tiefe Bedeutung ihrer Worte nicht zu erraten, denn unbefangen nahm er ihre Hand und bat:

»Sei mir nicht böse, Margarethe – aber sieh, das verstehst du nicht, – bin ich auch gerne in deines Vaters Werkstätte und macht's mir gleich große Freude, zu sehen und auch zu lernen dort, so mag ich darum doch nicht Goldschmied werden. In meinem Sinn steht es anders, – und weiß ich selber noch nicht recht, was es ist, – so ist's doch so. Drum will ich auch in dem Stande bleiben, in dem ich geboren und will dein Zunftgenosse werden. Deshalb aber können wir doch treu zusammenhalten, du und ich.«

Margarethe zuckte zusammen Röte und Blässe wechselten schnell in ihrem Gesicht. Heftig stieß sie Johanns Hand von sich und durch ihre weißen Zähne knirschte es:

»Sieh nur den Patrizier-Stolz!«, dann aber nahm sie schnell die Hand ihres Gespielen wieder, drückte sie fast krampfhaft fest und sagte: »Es mag gut sein, was du gesprochen, – weil wir da oben beieinander sitzen – und geschehen ist, was geschah, – heute will und kann ich nicht böse mit dir werden, – gestern hätte ich mit dir darum gerauft, – und morgen geschähe es vielleicht auch. Ich kann es einmal nicht leiden, wenn dein Auge drein schaut, so von oben herab, wie das der Alten und deine Zunge ihnen nachplaudert. Doch komm jetzt schnell herab. Sieh, wie der Pater in jämmerlicher Angst unserer harrt. Der meint gewiss, wir beide fallen ihm noch zu guter Letzt auf seine Glatze. Zur Seite, Pater Martin, zur Seite!«, rief sie dem ängstlich Harrenden übermütig zu, »Sonst renne ich Euch um.« Und damit war sie in einem Nu an den Steinen herabgeklettert und stellte sich scherzend über ihr zerrissenes Kleid neben Martin und höhnte Johann aus, der langsam und vorsichtig ihr nachkam.

Bald hatten sie die Stadt wieder erreicht und traten eben in dieselbe ein, als die Abendsonne von den höchsten Spitzen ihrer Türme Abschied nahm.

3

Das leuchtende Tagesgestirn senkte sich so ruhig, so friedlich hinter die blauen Berge des Taunus, als könne die
Nacht, die seinem Verschwinden folge, nicht anders, als
mit sanftem Mutterarme die Welt umfangen und müsse
die Dämmerung, ihr holder Vorbote, gleich einem süßen
Wiegenliede mit innigen Liebestönen und zarten Scherz-
eslauten sie sanft in Schlummer lullen. Es war ein so klarer,
frischmilder Frühlingsabend und der Himmel wölbte sich
so heiter strahlend über der alten Stadt, dass selbst ihre
engsten Gassen freundlich aussahen, – allein die zufrie-
denen, fröhlichen Gesichter, die zu solch schönem Abend
gehörten – sie fehlten. Ein unruhiges Hin- und Hergewoge
und wieder ein hastiges Zusammendrängen Einzelner,
geheimnisvolles Flüstern, neugierige und erschrockene
Mienen störte das friedliche Bild, das die gütige Natur
auch über das bewegte Leben einer großen Stadt auszu-
breiten trachtete.

Pater Martin bemerkte erstaunt diese außergewöhn-
lichen Anzeichen. Er befragte einige Vorübergehende
darum, erhielt aber statt aller Antwort nur einen misstrauischen oder höhnenden Blick. Die Kinder an seiner Seite
hatten kein Augenmerk dafür; ihnen lag nur im Sinn, möglichst schnell in Meister Helferichs Werkstätte zu kommen.

»Lass uns Reißaus nehmen«, riet schon am Tore Margarethe ihrem Freunde; doch dieser wollte das nicht und
folgte mit Selbstüberwindung den langsamen Schritten
seines Lehrers, bis sie auf einem freien Platz anlangten,

von wo aus mehrere enge Straßen in das Häusergewirre hineinliefen. Hier fasste Johann des Paters Hand, drückte sie und bat: »So – nun geht Ihr geradeaus zum Paten Hennel. Nicht wahr? Und wir laufen auf dem nächsten Wege zu Meister Helferich. Nach einer Stunde hole ich Euch zum Abendimbiss ab.«

Martin nickte – und im Nu war sein Zögling an Margarethens Hand um eine Ecke verschwunden. Er selbst ging nun auch rascher und etwas beunruhigt durch die zunehmende Bewegung in so friedlicher Stunde einem Gebäude zu, dessen schmale Vorderseite die Stattlichkeit seines Umfanges nicht verriet. Es war der Hof zum Landeck und gehörte der Patrizier-Familie gleichen Namens. Da diese sich jedoch nur selten in Mainz aufhielt, hatte ein Glied der Familie Gensfleisch seinen Sitz darin aufgeschlagen. Es war dies der jüngste Bruder von Johanns Vater, der, im Besitze eines selbständigen Vermögens, sich frühzeitig von seiner Familie unabhängig gemacht hatte. Mit dem Landeck befreundet übernahm er die Überwachung ihres Familiensitzes und lebte darin ganz als sein eigener Herr. Durch ein entschiedenes Auftreten in allem, was er tat, wie durch große Freundlichkeit gegen Niederstehende, war er trotz seiner jungen Jahre bereits zu viel Ansehen in der Stadt gelangt und war auch bei den Zunftgenossen mehr geliebt als einer seines Standes. Frau Else Gutenberg empfand gleichfalls große Vorliebe für diesen Verwandten und hatte ihn deshalb ungeachtet seiner damals noch sehr großen Jugend zum Paten ihres späten Nachkömmlings erwählt. Der junge Mann erhielt dadurch, freilich wohl nur scherzweise, die Bezeichnung »Hennel, der Alte«, die ihm jedoch sein Leben lang verblieb. Martin, von dessen Gelehrsamkeit Hennel in früheren Tagen auch etwas profitiert, besaß, wie Frau Else, eine große Anhänglichkeit an ihn und besuchte ihn häufig, besonders aber gern in den

37

Stunden, die sein Zögling bei Meister Helferich zubrachte. Hennel gönnte seinem Paten dieses Vergnügen ebenso wie Else und der Pater und war gegen die Ansichten des alten Frielo über diesen Punkt der dritte in ihrem Bunde. Dabei zeigte er sich als ein entschiedener Gegner von Johanns Bruder, vor dessen hochfahrendem Sinn er seines Paten Neigungen ganz entschieden und zwar in so kräftiger Rede verteidigte, dass in seiner Gegenwart Frielo jede missfällige Äußerung darüber vermied. So bildeten diese drei ohne ein besonderes Übereinkommen, gleichsam ein Schutz- und Trutzbündnis für den jungen Sprossen, der als ein etwas fremdartiges Reis auf dem Stammbaum der Gensfleisch und Gutenberg emporschoss.

Auf ihn selbst, auf sein Gemüt jedoch blieb dieser Zwiespalt, so liebreich seine Mutter sich auch bemühte, ihn unbemerkt an ihm vorüberzuführen, nicht ohne Einfluss. Durch einen unwiderstehlichen, inneren Trieb zu einer Beschäftigung hingezogen, die sein Vater tadelnswert fand und an der an der weder er, noch die Personen, welche ihm die liebsten waren, ein Unrecht entdecken konnte, veranlasste ihn dies unwillkürlich, dasjenige was er gerne offen und ohne Hehl getrieben hätte, mit Vorsicht zu tun, ja selbst mitunter recht geheim zu halten. Kam es übrigens von Seiten seines Vaters zu direkten Fragen deshalb, bekannte er ohne Hinterhalt, zu was ihn am meisten seine Neigung hinzog; da er jedoch bemerkte, dass die lieben Augen seiner Mutter nach solchen Szenen stets gerötet waren, unterordnete er sich immer mehr, weniger aus Überlegung als aus Instinkt, den klugen Ansichten, welche sein Tun und Lassen liebreich beschützen. Dadurch entwickelte sich in ihm neben dem entschiedenen Willen, der ihm eine seinem Stande widerstrebende Richtung einschlagen ließ, zugleich auch eine fast ängstliche Geheimhaltung seines innersten Wesens, was sich begreiflicher Weise auf die daraus hervorgehende äußere Tätigkeit übertrug. Selbst gegen Martin und seine Mutter zeigte er sich nach und nach weniger mitteilsam. Sein Sinn wurde ernster und reifer, mit sich selbst abgeschlossener, als es seinem Alter zukam. Nur Margarethe gelang es, auf Stunden ihn in ungezügelter Kinderlust mit sich fortzureißen, und, wie sie sagte, sein vornehmes Gebaren zunftmäßiger zu Machen. Das kecke, frische, etwas verzogene Kind eines der reichsten Bürger der Stadt fand für seinen Mutwillen wenig Hemmnisse und fühlte eine ganz besondere Freude dabei, den stillen Nachbarssohn zu fröhlicher Lust aufzustacheln.

Heute jagten sie im Sturmschritt Meister Helferichs Werkstätte zu. Es war schon spät geworden, der Feierabend vor der Tür und nicht zu säumen, wollte man der kunstreichen Arbeit noch eine Weile zusehen. Überdies, vertraute Margarethe ihrem Freunde, wolle ihr Vater heute noch die Inschrift auf einen goldenen Becher vollenden. Johann vernahm dies mit sichtlichem Vergnügen. Margarethens Hochmut, den er heute schon so tief verletzt, wurde dadurch wieder etwas besänftigt. – Des Junkers Respekt vor der Geschicklichkeit des Goldschmieds, sein inständiges Bitten, die Werkstätte besuchen zu dürfen, schmeichelte ihrer Eitelkeit und machte den Patriziersohn ihrem Herzen teuer. Nicht immer jedoch durfte Margarethe mit ihrem Gespielen in die Werkstätte kommen; sie musste meistens erst die Erlaubnis dazu ihrem Vater abschmeicheln und ließ es mitunter Johann empfinden, dass es eine große Vergünstigung von ihrer Seite für ihn sei. Wenn sie dann freilich sah, dass ihn dies ärgerte, lenkte sie wieder ein und mit dem schnellen Wechsel von Krieg und Frieden, der die Kinderfreundschaften charakterisiert, folgte der bösen Stimmung immer gleich wieder eine gute und das Mädchen übte sich in geduldigem Zuwarten, während der Knabe mit der regsten Aufmerksamkeit die Arbeit des Meisters und seiner Gesellen verfolgte.

Heute schien übrigens nicht der gewohnte Ernst und Eifer in Meister Helferichs Werkstätte zu walten. Mehr nur mechanisch, fast lässig ging die Arbeit der Gesellen von Statten, die Lehrjungen guckten mit schlecht verhehlter Neugierde aus den hellen Augen und der sonst so strenge Meister hatte keine Rüge dafür; nachdenklich drehte er das goldene Gefäß in seiner Hand und diese Prüfung wollte kein Ende nehmen, obgleich er mit einem Blicke den kleinsten Mangel zu entdecken pflegte. War er doch der erste und tüchtigste Meister der berühmten Mainzer Goldschmiedezunft. Aus seiner Werkstätte gingen die kunstreichsten Arbeiten hervor und trugen seinen Namen weit und breit durch aller Herren Länder. Er hielt viel auf den Ruhm seiner Arbeiten, – sein Ehrgeiz war mit seinem Fleiße, seiner Geschicklichkeit verwachsen und war der zähe Kitt, der sein Leben an seine Werkstätte, sein Haus und mit diesen unerschütterlich fest an seine Vaterstadt band, deren Wohl und Ehre eins waren mit seinem eigenen Glück und für die er jederzeit sich bereit fühlte Gut und Blut einzusetzen. Wo es galt, Rechte und Freiheiten der Stadt zu wahren, fehlte Meister Helferich nie, – war es, um die Anforderungen der Patrizier zu bekämpfen oder der anstrebenden, geistlichen Oberherrschaft sich zu widersetzen.

Seit der Wahl des jetzigen Erzbischofs hatte sich jedoch Ruhe und Friede so ziemlich ungestört in der Stadt erhalten. Johann von Nassau, der seine Ernennung zum Erzbischof von Mainz mehr der Bestechung als freier Wahl verdankte, traute der Geistlichkeit nicht recht und suchte sich die Bürger der mächtigen Stadt zu befreunden. Er erteilte ihnen mehrere Privilegien; allein dessen ungeachtet gelang es ihm nicht, sich ihre Liebe und Anhänglichkeit zu erwerben. Er galt für einen sehr schlauen Herrn und sein Tun und Lassen wurde mit misstrauischen Blicken betrachtet. Im Geheimen strebte er auch nach unumschränkter Oberherrschaft über die schöne Stadt am Rhein, die sich seit ewigen Zeiten eine Freistadt nannte und dies dem Erzbistume gegenüber bis jetzt zu behaupten gewusst hatte. Nachdem er den schwer zu beugenden Sinn der Zünfte erkannt, suchte er den Klerus mehr für sich zu gewinnen und die Patrizier auf seine Seite zu ziehen. Er hoffte, auf diese Weise, da es auf die andere nicht ging, den gewünschten Einfluss auf die weltlichen Angelegenheiten der Stadt zu erlangen; doch die auf ihre Rechte eifersüchtigen Zünfte hatten überall das Auge offen und ließen sich keine Eingriffe in ihre Freiheiten gefallen. Dennoch schien es, als ob schon seit einiger Zeit gegründete Befürchtungen sich deshalb geltend machen wollten. Man sah die Handel- und Gewerbetreibenden bald da, bald dort in großen Massen sich sammeln, auf den Straßen sich zusammenrotten und allenthalben wiederholten sich dieselben Vermutungen von drohenden Gefahren; – allein niemand wusste eine bestimmte Tatsache zu nennen. Gerüchte nur waren es, die gleich der drückenden Schwüle vor einem Gewitter dumpf und schwer durch Mark und Sehnen der Einwohnerschaft zogen.

Da wehte plötzlich ein stärkerer Luftzug durch die Atmosphäre. Der Erzbischof war ohne vorherige Ankündigung in der Stadt eingetroffen und wie ein Lauffeuer ging es von Mund zu Mund, dass er eine weitläufige Schrift morgen dem Rate vorlegen wolle. »Es handelt sich um unsere Rechte und Freiheiten«, schallte es dieser Kunde nach, – und bald leiser, bald lauter teilte eins dem anderen seine Meinung darüber mit. Auch in Meister Helferichs Werkstätte hatte das beängstigende Gerücht seinen Weg gefunden; es schien, als dränge es durch alle Ritzen der Häuser ein und ohne viel Worte wisse jeder, um was es sich handle. Die Gesellen nickten sich bedeutungsvoll zu, doch wagte es keiner, seine Arbeit aus der Hand zu legen, so lange der Meister, scheinbar wenigstens, mit seinem Werke beschäftigt war.

41

Da öffnete sich die Türe und mehrere Zunftgenossen traten mit sehr erregten Mienen ein. Helferich stellte das blinkende Gefäß hart auf den Tisch und ging den Eingetretenen entgegen, drückte ihnen die Hände und ein leises, eifriges Gespräch begann. Auf seinen Wink stellten die Gesellen und Lehrjungen ihre Arbeiten ein und scharten sich bescheiden nebeneinander zur Seite, begierig, etwas aus den Worten und Gebärden der Meister zu erlauschen. Doch bald wurde es lauter in der Werkstätte, sie füllte sich immer mehr an und was erst leise verhandelt worden, ging nun in offene Beratung über.

»Es waltet kein Zweifel mehr ob«, übertönte Helferichs kräftige Stimme die anderen, »dass von Seiten des Erzbischofs morgen dem Rate der Stadt eine Schrift vorgelegt werden wird, die uns beweisen soll, dass das Erzbistum unumschränkte Herrscherrechte über uns habe und wir nichts weiter als Untertanen desselben seien.«

Ein donnerndes Murren erschütterte die Werkstätte, in das einzelne Ausrufe wie Blitze hineinfuhren:

»Wir sind freie Bürger.«

»Hat unsere Stadt nicht Freibriefe und Privilegien von Kaiser und Reich verbürgt?«

»Ist es nicht eine Freistadt von undenklichen Zeiten her?«

»Unsere Rechte soll uns niemand schmälern! Das dulden wir nicht!«

»Geht's nicht anders, dann drauf und dran – hinaus mit den Feinden, seien es nun die Schwarzen oder die Alten!«

»Wer unsere Freiheiten antasten will, ist unser Feind. Und wir sind die Stärkeren, wir fürchten uns nicht!«

»Es leben die Freiheiten unserer Stadt – der Zunftgenossen Rechte und ihre Macht!«, rief Meister Helferich in gehobener Stimmung und ergriff den goldenen Pokal, sein schönes Kunstwerk, füllte ihn mit perlendem Rheinwein bis zum Rande, schwang ihn empor, tat den ersten langen Zug daraus und fuhr mit stolzem Bewusstsein fort: »Da, Ihr lieben Zunftgenossen, nehmt, tut mir Bescheid; – auch wir können aus goldenen Gefäßen trinken wie die Herren. Wir wollen uns ihnen an Ansehen und Macht gleichstellen. Wer kann's uns wehren, wenn wir fest zusammenhalten. Nichts lassen wir uns gefallen – hört Ihr, gar nichts! Durch unserer Hände Arbeit haben wir uns emporgeschwungen, unsere Stadt zu einer der ersten des Reiches gemacht; – einer aus unserer Mitte hat den Städtebund gegründet zum Schutz und Schirm gegen rohe Gewalt. Die Städte, ihre Rechte und Privilegien sind das Palladium des Handels und der Gewerbe, der Künste und Wissenschaften; – unsere heiligste Pflicht ist es, sie ungeschmälert in unseren Mauern zu erhalten. Ist einer von uns, der es anders will, so stürzt ihn ungesäumt in die Fluten des Rheins, dass sie die Schande des ausgearteten Sohnes begraben, der nicht wert war, an seinen Ufern geboren zu sein.«

Der Becher kreiste unter derben, begeisterten Schwüren die Runde der Männer, welche alle, ein Herz und ein Sinn, die Freiheit der teuren Vaterstadt zu wahren gelobten.

In einer Art Nische im Hintergrunde der Werkstätte, nahe an einem kleinen Fenster, das nach einem Hofraume zuging, der an ein zierliches Blumenbeet der Frau Else Gutenberg stieß und nur durch eine niedere Mauer davon getrennt war, hatten Margarethe und Johann sich zurückgezogen, als der mäßig große Raum sich immer mehr anfüllte. Ein Lehrling von stattlichem Wuchse und hübschem Gesicht war ihnen gefolgt und hatte sich aus den Boden zu Margarethens Füßen niedergelassen. Sie saß mit Johann auf einer niederen Bank, des Lehrlings Nähe schien ihr nicht angenehm, denn sie würdigte ihn kaum eines Blickes, er aber beobachtete sie und ihren jugendlichen Freund unausgesetzt. Nach einer Weile stand er auf und flüsterte dem Mädchen ins Ohr:

»Heute gibt's nichts für deinen Junkherr hier zu sehen; – schicktest ihn besser fort zu seiner vornehmen Sippschaft, – tut er auch freundlich mit uns, gehört er doch zu den hochnäsigen Alten und wird ihnen gleich zutragen, was hier los war. Und sie und die Schwarzen langen nach einer Handhabe, um daran emporzuklimmen Verstanden, Grethe?«

Das Mädchen warf einen raschen Blick auf Johann, der nachdenklich in das Gelärme hinein sah, dann sagte sie kurz aber sehr bestimmt zu dem unberufenen Warner:

»Er bleibt hier. Verstanden, Jakob?«

Dieser zuckte die Achseln, ließ sich wieder zu Boden gleiten und lachte höhnisch zu dem Mädchen auf. Über Margarethens Gesicht flog ein dunkles Rot; – zornig fasste sie den blonden Kopf des Lehrlings und drückte ihn erbost zur Seite, – dann sprang sie auf die Bank, gleichsam um jedem ferneren Gespräche mit ihm zu entgehen; allein auch er erhob sich pfeilschnell und postierte sich trotzig an ihre Seide. Margarethe tat, als bemerkte sie es nicht und schaute mit lebhaftem Auge über die Männer hin, in deren Hand der goldene Becher kreiste, den ihr Vater immer und immer wieder füllte. Johann blieb auf der niederen Bank sitzen und sah ernst, fast traurig vor sich nieder.

»Was fehlt dir, Henne?«, fragte ihn nach einer Weile das Mädchen, indem sie sich abwärts beugte, nach seinen langen weichen Locken griff und mit sanfter Gewalt sein Gesicht dem ihren entgegen kehrte.

»Ich wollte, dein Vater und die Gesellen arbeiteten wie sonst und es wäre ruhig in der Werkstätte«, gab er zur Antwort.

»Das machte dem Junkherrlein wohl mehr Freude als der Lärm, der auch den Alten nichts Gutes bedeutet«, flüsterte der Lehrling von der anderen Seite Margarethe zu.

Ein blitzender Blick traf ihn dafür, dann fragte sie mit erzwungener Ruhe ihren Gespielen:

»Hast du denn nicht gehört, Johann, um was es sich handelt? Das geht alle an, die es gut mit der Stadt meinen.«

»Ich vernahm es wohl«, erwiderte der Knabe. »Aber noch weiß man ja nicht mit Bestimmtheit zu sagen, was die Schrift des Erzbischofs enthält. Man sollte sie doch erst lesen und prüfen, meine ich, ehe man sich so wild dagegen gebärdet. Und wenn man's gelesen, könnte man ja auch gemeinschaftlich dartun in Wort und Schrift, was man will. Wäre das nicht besser, als gleich drohen oder gar dreinschlagen? O, durch Wort und Schrift ließe sich gewiss vieles ausgleichen und feststellen und es bedürfte nicht der rohen Gewalt.«

Johanns braunes Auge strahlte wie ein Stern und ein geistiger Hauch, eine hohe Weihe zog über sein ernstes, sinniges Gesicht. Margarethe hing gefesselt an seinem Anblick, da bemerkte der Lehrling spöttisch:

»Das würde viel Zeit kosten, Junkherr, wollte man alles schriftlich ausfechten. Wer sollte denn das alles schreiben und lesen, was der Menschheit zu Nutz und Frommen taugte? Da ist das Dreinschlagen eine viel bessere Sache. Das versteht jeder und geht blitzschnell von Hand zu Hand, von Ort zu Ort. Wir sind zwar keine Ritter, wir Städtischen, und wir Zünftigen sind nicht einmal Junkherr zu Pferd, wie ihr Alten, – aber wir haben von der Arbeit harte Fäuste und wenn's ans Dreinschlagen geht, ziehen wir sicher nicht den Kürzeren und könnten selbst, wenn es sein müsste, die Junkherrn hoch zu Ross auf den Erdboden niederlegen.«

Auf Johanns Stirn zog Zornesröte auf. Seine Hand ballte sich und zuckte nach dem prahlerischen Lehrling, – doch schnell, als bereue er diese Aufwallung und wolle sie gewaltsam dämpfen, wandte er sich von ihm hinweg und sagte:

»Du hast mich nicht verstanden, Jakob, und wirst es auch nie.«

Den Lehrling ärgerte diese Geringschätzung, er warf einen herausfordernden Blick auf Johann, allein dieser achtete nicht darauf und nahm seine frühere nachdenkliche Stellung wieder ein. Erbost, dass er den Junkherr nichts anhaben konnte, griff Jakob nach Margarethens Hand, packte sie mit beinahe schmerzhaftem Drucke und beugte das Mädchen gewaltsam zu sich nieder.

»Wie magst du nur mit dem albernen Träumer verkehren?«, raunte er ihr zu. »Es schickte sich viel besser für dich, du hieltest zu mir. Bin ich doch, wie du, das Kind eines reichen Zunftgenossen des güldenen Mainz, in dem ich einst ein angesehener Mann zu werden gedenke, wie dein Vater und der meine einer ist; – und bist du gleich des reichen Meister Helferichs einziges Kind und der alte Fast hat noch mehr Söhne als mich, werde ich doch einmal eine Werkstätte haben wie diese hier und kann vielleicht noch höher steigen als mein Ahn, der Stadtrichter war.«

»Kannst vielleicht gar erster Bürgermeister werden!«, spottete Margarethe und suchte ihm ihre Hand zu entwinden.

»Wer weiß, was geschieht?«, erwiderte er ernsthaft und drückte ihre Hand noch fester.

Sie wurde so böse darüber, dass sie ihn schlug und stieß. Da sah Johann auf.

»Lass sie los«, befahl er und stellte sich drohend neben Jakob und wie dieser es nicht tat, packte er seinen Arm mit solcher Gewalt, dass er einen Aufschrei des Schmerzes nicht unterdrücken konnte und Margarethens Hand losließ, dann aber scherzte er über den ganzen Vorfall, als sei es ein Spaß gewesen, den sie sich gegenseitig miteinander erlaubt.

Indessen wurde es immer lebhafter in der Werkstätte. Da bat Meister Helferich um Stille und machte den Vorschlag: alle Zünfte zusammen zu berufen und sich auf einem freien Platz der Stadt gemeinschaftlich einzufinden. Nach kurzer Beratung trennten sich die Männer und zerstreuten sich in verschiedener Richtung, um die Gleichgesinnten aufzusuchen. Es wurde in der Werkstätte still und leer; auch Jakob musste sich auf Befehl eines Gesellen entfernen, um noch einiges für die Arbeit des morgigen Tages zu bestellen. Nur widerstrebend verließ er Margarethe und Johann. Er hätte erst gerne die Entfernung des Junkherrn abgewartet, doch er musste gehorchen. Bald nachher wollte auch Johann seiner Gespielin gute Nacht sagen, um den Pater abzuholen, allein Margarethe hielt ihn noch auf durch eine Beschreibung von kunstvollen Gegenständen, die Signor Antonio, ein italienischer Handelsmann, ihrer Mutter gebracht und versprach ihm, er solle sie in diesen Tagen sehen. Es seien prächtige Gläser und schön geschliffene Steine, – auch ein kleiner Spiegel, alles aus einer Fabrik Venedigs. »Die muss ganz prächtig sein!«, setzte sie hinzu. »Signor Antonio soll dir davon erzählen, wenn er wiederkehrt. Jetzt ist er den Rhein hinunter, Geschäfte zu machen.«

»Ich möchte wohl auch einmal hinaus in die Welt und sehen und lernen, darüber nachdenken und dann etwas schaffen, was die Menschheit beglückte«, erwiderte Johann und ein ungemein sinniger Ausdruck erhöhte die Schönheit seines blassen Gesichtes. »Und dann«, setzte er leise und innig hinzu, »dann möchte ich wiederkehren in die liebe deutsche Heimat, zu der teuren Mutter – und auch zu dir, Margarethe, und –«

»Zu deinem weisen Lehrer nicht auch?«, fiel sie ihm neckisch in die ernste Rede und zeigte auf ein Fenster, an dem die dunkle Gestalt Pater Martins in undeutlichen Umrissen sichtbar wurde. »Sieh nur«, fuhr sie lustig fort, »wie er kohlenrabenschwarz dasteht, gerade wie ein Gespenst, – und wie er klopft, als sei er ein Poltergeist.«

»Aber ein gar guter«, fiel Johann ein und nickte freundlich dem etwas ungeduldig klopfenden Martin zu, der seinen säumenden Zögling zum Gang nach Hause abrief.

Im Hof zum Gutenberg war indessen Frielo eingetroffen, der sich dem Zuge des Erzbischofs angeschlossen hatte, welcher heute von Eltville nach Mainz sich begeben. Er war begierig zu erfahren, wie die Ansprüche des Erzbistums, die Johann von Nassau durch eine weitläufige Schrift der Stadt darlegen wollte, von ihren Einwohnern aufgenommen und die Sache sich entwickeln werde. Der Erzbischof hatte dies Aktenstück selbst abgefasst und darin mit vielem Geist und vieler Klugheit alle Beweisgründe entwickelt, nach denen dem Erzbistum die unumschränkte Herrschaft über die schöne Stadt zukomme.

Er glaubte den richtigen Zeitpunkt zu diesem Schritte gut gewählt und in der fortdauernden Spannung der Zunftgenossen und der Patrizier den wunden Fleck gefunden zu haben, an den seine herrschsüchtigen Gelüste anzuknüpfen seien. Längst schon nagten im Geheimen diese inneren Streitigkeiten an der Wohlfahrt der Stadt. Seinem scharfsichtigen Blick war dies nicht entgangen und er rechnete darauf, durch die gegenseitige Feindschaft des Adels und der Bürgerschaft beide Teile für seine Oberherrschaft zu gewinnen, durch eine kluge Darlegung der Vorteile, die beiden Parteien daraus erwachsen würden, beide auf seine Seite zu ziehen und so auf friedlichem Wege zu erreichen, was ihm für gewaltsame Schritte zu gefährlich erschien. Einmal die Macht in Händen, hoffte er, sie auch darin festhalten zu können und war entschlossen, dann kein Mittel mehr zu diesem Zwecke zu scheuen. Doch selbst die Patrizier, denen er die meisten Vorteile verhieß, wollten sich nicht zur Anerkennung der erzbischöflichen Oberherrschast über die Stadt verstehen und die Zünfte erklärten sich ganz entschieden dagegen. Unbekümmert um die Beweisführung des Erzbischofs regierte die Stadt nach wie vor sich selbst und alle Drohungen schreckten die Bürgerschaft nicht ab, an ihren alten Rechten und Freiheiten festzuhalten.

Der Schritt des Erzbischofs blieb aber dessen ungeachtet nicht ohne schlimme Folgen. Das Misstrauen gegen ihn, das dadurch neue und gegründete Nahrung gefunden, trug sich in erhöhtem Grade auf den gesamten Klerus über, was zu fortwährenden Konflikten zwischen der geistlichen und weltlichen Macht Veranlassung gab. Die öffentliche Meinung der Stadt bezeichnete von da an die Vertreter des Reiches Christi, des Reiches der Liebe und Humanität, als Feinde der bürgerlichen Wohlfahrt; und der irdische Teil der Kinder dieser Welt stellte sich in dieser Überzeugung den an sie gemachten Ansprüchen einer zu weit ausgedehnten kirchlichen Gewalt immer schroffer entgegen. Diese Spaltung griff in alle Verhältnisse störend ein, in das gewerbliche wie in das Familienleben und schürte an der Feindschaft der Patrizier und der Zunftgenossen. Das Schlimmste jedoch war, dass heilige Dinge dadurch ein Gegenstand des Volkswitzes wurden, was von der anderen Seite ein vergebens Bemühen hervorrief, durch Mirakel, Ammenmärchen und Gespenstergeschichten die Sache der Religion zu unterstützen. Das Band des christlichen Glaubens, das sein Stifter aus Liebe und Duldung gewoben, um mit demselben Welt und Kirche, Himmel und Erde einander nahe zu bringen, verwandelte sich zu einer gehässigen Fessel, die man einerseits zu zerreißen, andererseits mit allen nur denkbaren Mitteln der List und Gewalt zusammenzuhalten suchte.

Über der freundlichen, so lange im schönsten Flore blühenden Stadt zog das begonnene Jahrhundert inhaltvoll und inhaltschwer herauf. Noch atmete der alte Geist darin, – jedoch in banger Ahnung wie ein noch rüstiger Greis an einem offenen Grabe, aus dessen dunkler Tiefe das unaufhaltbare Geschick ihm entgegengähnt und ihn schaudernd an die geheimnisvolle Zukunft mahnt, welche chaotisch in Licht und Finsternis gehüllt kein klares Bild ihm verdeutlicht, ihn nicht erkennen lässt, ob Rosen oder Disteln der Stelle seiner Verwesung entkeimen werden, Friede oder Krieg einst über sie hinziehen wird. – Doch jedem Sterbenden, – sei es ein einzelnes, an und für sich unbedeutendes Leben, sei es der Pulsschlag eines ganzen Jahrhunderts, – bleibt bei allen Schauern des Todes der Trost seines ewigen Anteils an der Schöpfung, seines ewigen Anrechtes an die Fortschritte der Menschheit, welche, gleich einer Leuchte der Ewigkeit, aus ihr hervorgehend auch mit ihr fortwandeln durch alle Zeiten hindurch, – ein göttlicher Strahl, der immer und immer wieder siegreich durch Nacht und Finsternis bricht, – den wechselnden Weltgeschicken ein höherer Fingerzeig.

4

Wir müssen über einen Zeitraum von zehn Jahren hinweg schreiten und können diesen nur flüchtig in einigen seiner Hauptzüge berühren, nur insoweit, als es auf die Personen, die uns hauptsächlich beschäftigen, und die Begebenheiten, die sich mit ihnen verflechten, von Einfluss und zu ihrer richtigen Verständnis nötig ist.

Die Unruhen und Wirken, welche wir schon angedeutet, steigerten sich immer mehr. Sank inzwischen auch eines der um die deutsche Kaiserkrone streitenden Häupter ins Grab, erhob sich dafür ein anderes in diesem Schmucke wieder, das der deutschen Nation von noch minderem Heile war; – und kam gleich ein Konsilium in Konstanz zu Stande, dessen Zweck – durchgreifende Kirchenreformen, Schlichtung der Glaubensstreitigkeiten und die richtige Erkennung des einen, wahren Stellvertreters Christi von Dreien sein sollte, – hatte dieses während beinahe vierjähriger Sitzungen nichts bezweckt, als dass der glimmende Funke des misshandelten Glaubens durch Hus' und Hieronymus' Opfertod zur lodernden Flamme angefacht worden und an die Stelle der drei Gegenpäpste, nach vielen unerquicklichen Streitigkeiten und Prozessverhandlungen, von blutigen Fehden begleitet, endlich Kardinal Otto von Colonna unter dem Namen Martin V. den Stuhl Petri bestieg. Allein der Neuerwählte zeigte sich ebenso wenig bereit wie seine Vorgänger, die von Frankreich, England und besonders von Deutschland, das unter den eingeschlichenen Missbräuchen am meisten litt, geforderten Kirchenreformen zu bewilligen. Er wich allen deshalb an ihn gestellten Forderungen aus und statt der gewünschten Verbesserungen wurden täuschende Konkordate geboten. Die Nationen wollten jedoch nicht annehmen, was ihnen durch ihre Geistlichen dargereicht wurde: England und Frankreich suchten in Verbindung mit ihren Ständen energische Maßregeln dagegen zu ergreifen, während die verworrenen und zerfahrenen Zustände Deutschlands den Willen der Nation zu keinem einheitlichem Handeln kommen ließen.

Die unerquicklichen Verhandlungen, wie der Fanatismus des Konstanzer Konsiliums, von dem man Heil erwartete, übten den schlimmsten Einfluss auf Deutschland aus und das damals in ganz unzählige Teile zersplitterte Reich fand nicht einmal einen kleinen Halt an seinem Haupte, dem deutschen König. Sigismund trieb sich größtenteils in Saus und Braus auf Reisen umher und verbrauchte dafür ungeheure Summen Geldes, um die zu erhalten, er Güter und Rechte der Nation veräußerte, versetzte und verpfändete und wieder Rechte und Privilegien unrechtmäßig austeilte oder willkürlich verlieh. Dazu kam seine für Deutschland unheilvolle Nachgiebigkeit gegen den Papst und die zweideutige Rolle, die er bei dem Prozess gegen Hus gespielt. Sein Erbland Böhmen entfremdete sich ihm dadurch und wurde zur Feindschaft gegen Deutschland aufgestachelt, mit dem es durch seinen Vater und Bruder aufs innigste befreundet gewesen. Die Aufregung in Böhmen bereits auf gefährlicher Höhe angelangt, erreichte durch einen Bannfluch des Papstes den höchsten Grad und das Volk wie auch ein Teil der Großen des Reichs, empörten sich jetzt offen gegen die geistliche und weltliche Gewalt.

Sigismund unternahm einen Kreuzzug gegen die Rebellen und Ketzer und die Gräuel des Hussitenkrieges begannen. Die reine Lehre des Christentums, welche Hus gepredigt, ging unter den aufgestachelten Leidenschaften der Parteien in Schwärmerei und Fanatismus über und Angreifer wie Verteidiger suchten sich bald in Grausamkeiten zu überbieten. Die deutschen Fürsten unterstützten ihren Kaiser aufs eifrigste in diesem Kriege, der jedoch ihren Heeren mehr Niederlagen als Lorbeeren brachte. Die Städter und Bauern, welche nur gezwungen sich diesem Kriegszuge anreihten und einen großen Teil des Heeres bildeten, benutzten die erste, beste Gelegenheit, Reißaus zu nehmen. Die Mehrzahl von ihnen sympathisierte insgeheim mit den böhmischen Aufrührern, denn fast in allen deutschen Städten und freien Gemeinden neigte man sich im Stillen den hussitischen Lehren zu, die längst in Böhmen Wurzel gefasst und durch die Verhandlungen des Konstanzer Konzils nun dort zur offenen Empörung emporgeschossen waren. Sie durchzitterten die innersten Fasern unseres Vaterlands und bereiteten in seinen schwergedrückten Gauen die Reformation vor, die ein Jahrhundert später durch Luther und Melanchthon mutig das Haupt gegen den Missbrauch geistlicher Gewalt erhob.

Allenthalben gehrte es einer Läuterung entgegen, wenn diese auch größtenteils noch unverstanden blieb und noch nicht richtig erkannt wurde, welcher Art sie einst sein werde. Dadurch gelangten die allseitigen Verhältnisse auf eine gefährliche Spitze, die widerstrebenden rieben sich hart aneinander und die feindlichen gestalteten sich immer feindseliger: Abneigung wurde zu Hass, Missgunst und Hader zu Rache und Verfolgung.

Auch in der schönen Stadt am Rheine, die sich die Güldene nannte, wirkten die allgemeinen Zerwürfnisse auf ihre speziellen Verhältnisse unerfreulich ein und steigerten die Feindschaft der Zunftgenossen und Patrizier wie das Misstrauen gegen den Klerus. Kaum dass noch hin und wieder ein flüchtiger Gruß zwischen ihnen gewechselt wurde; eine freundliche Annäherung fand nirgends mehr statt, vielmehr kam es häufig zu groben Worten und Tätlichkeiten zwischen dem Adel und der Bürgerschaft und auch der Hader mit dem Klerus nahm eine immer gehässigere Gestalt an. Wie die Zünfte sich jeder Forderung der Patrizier trotzig entgegenstellten, wiesen sie auch mit Hohn die Drohungen ihrer Geistlichkeit zurück. Die Zünfte handhaben unter dem Einfluss der Zeitereignisse die errungenen Rechte und die lange bewahrten Freiheiten mit trotziger Gewalt und sahen die Gefahr nicht ein, die für die eigene Kraft in jeder Überschätzung liegt. Noch freilich behaupteten sie den gewonnenen Standpunkt. Erzbischof Johann starb, ohne mehr Herrschaft als seine Vorgänger über die Stadt erlangt zu haben. Dessen ungeachtet vermehrten sich nach seinem Tode die bürgerlichen Unruhen in derselben und zwar so, dass sein Nachfolger gegen die uralte Sitte an einem anderen Orte des Erzbistums erwählt werden musste. Dies brachte die unruhigen Köpfe etwas zur Besinnung und es fand, was lange nicht geschehen, eine Annäherung zwischen den Patriziern und Zunftgenossen statt, wobei beschlossen wurde, gemeinschaftlich den neuerwählten Erzbischof zu empfangen und ihn in festlichem Zuge in seiner Residenzstadt abzuholen. Der Tag zu dieser Festlichkeit wurde von Seiten des Erzbischofs bestimmt und am Abend zuvor versammelten sich die angesehensten Zunftmeister und ihre besten Gesellen, Söhne reicher Familien, in Meister Helferichs Werkstätte, um noch nähere Verabredung wegen des stattfindenden Zuges zu treffen.

Margarethe, Helferichs schöne, stattliche Tochter, saß in der Vertiefung des Hintergrundes auf derselben niederen Bank, auf welcher sie so oft mit ihrem Gespielen Johann gesessen. Doch statt seiner war Jakob an ihrer Seite, der erste Geselle ihres Vaters, sein bestimmter Nachfolger im Geschäfte und ihr bestimmter, zukünftiger

Gatte. Noch hatte sie zu dieser väterlichen Übereinkunft ihr Jawort nicht gegeben und trotzig wie sie war und seit der Mutter Tod alleinige Herrin im Hause, hatte ihr Vater ihr immer wieder Bedenkzeit bewilligt und Jakob mit seines biblischen Namensvetters Schicksal vertröstet und ihn zum Ausharren und zur Geduld ermahnt.

Der Geselle, welcher Margarethe nicht nur um ihrer hübschen Persönlichkeit, sondern auch der äußeren Vorteile wegen, die eine Verbindung mit ihr ihm boten, zum Weibe wünschte, verfolgte sein Ziel mit viel Beharrlichkeit. In kluger Weise zeigte er sich dem Mädchen bald willfährig, selbst untertänig, bald wusste er eine gewisse Herrschaft über sie zu behaupten und dieses, wie die lange Gewohnheit des Beisammenseins, machte ihr die Nähe Jakobs fast unentbehrlich. Allein ihr Herz, das eigensinnig an einem anderen Bilde hing, sträubte sich gegen eine eheliche Verbindung mit ihm und so oft auch ihre Überlegung ihr eine solche als gut und rätlich anpries, vermochte sie doch nicht es über sich zu gewinnen, darauf einzugehen.

Schweigend hörte sie die Beratungen über den Einzug des Erzbischofs mit an und nur zuweilen verzog ein spöttisches Lächeln ihre frischroten, etwas aufgeworfenen Lippen. Als sich dies wieder deutlicher zeigte, fragte sie Jakob mit forschendem Blicke, was sie denn über die morgigen Festlichkeiten denke.

»Dass Ihr Euch dabei als schlechte Reiter produzieren werdet«, antwortete sie rasch. »Oder«, fuhr sie fort, als eine Röte des Ärgers über Jakobs Gesicht zog, »glaubst du wohl, dein und mein Vater wie die übrigen Zunftmeister werden sich gut zu Ross ausnehmen? Was man das ganze Jahr nicht übt, sollte man auch bei solchen Gelegenheiten unterlassen.«

»So? Und du denkst wohl gar«, fiel Jakob ein, »wir sollten den Alten zu Fuß nachfolgen und uns von ihren

Pferden herab aushöhnen lassen? O, nein. Was die können, vermögen wir auch. Wir werden so fest zu Pferde sitzen, wie sie; und der Junkherr Johann zum Gutenberg soll mir's nicht zuvortun. Das schwöre ich dir, Grethe.«

»Ist nicht von Nöten«, erwiderte sie etwas schnippisch. Dann maß sie ihn von Kopf bis zur Ferse und sagte in einem Tone, der weder Spott noch Ernst verriet:

»Du bist so groß wie er und beinahe so wohlgestaltet und kannst auch vielleicht gerade so gut zu Pferde sitzen wie er, denn auch er übt diese Kunst nicht allzu oft, aber dennoch wirst weder du, noch werden die andern Ehre und Vergnügen bei diesem Zuge ernten. Ihr werdet die Kürzeren ziehen, verlasse dich darauf. Die Zunftgenossen blieben besser in der Stadt und empfingen den Erzbischof an ihrer Pforte. Es wäre Ehre genug für ihn und besser für sie. Lasst die Alten reiten wohin sie wollen, ohne euch, denn miteinander macht ihr doch nichts ohne Hader aus.«

»Ich wollte, es käme einmal wieder zu einem Streite wie vor hundert Jahren, wo unsere Ahnen sie zur Stadt hinaus jagten, denn so lange sie hier sind, gibt's keinen Frieden«, erwiderte Jakob mit Ingrimm.

»Ihr tragt so viel Schuld daran wie sie«, fiel Margarethe schnell ein.

»Du nimmst sie in Schutz?«, entgegnete er heftig. »Schäme dich, Margarethe! Man sollte glauben, dein Gespiele von ehemals verkehre noch täglich mit dir.«

Margarethens Lippen pressten sich zusammen, ihre blauen Augen blitzten, doch ohne etwas zu erwidern wandte sie sich mit einer raschen Bewegung von Jakob hinweg und verließ die Werkstätte. Er sah ihr ärgerlich nach und murmelte:

»In den nächsten Tagen muss es sich entscheiden. Was kann sie mit dieser Neigung wollen, die er nicht einmal zu teilen scheint? – Ist sie mein Weib, wird sie schon zur Vernunft kommen, – weigert sie sich, es zu werden, gehe ich mit der Sprache heraus, und sag's dem Meister, wonach der Sinn der Goldschmieds Tochter steht, dann wird sich's zeigen, ob ihr oder unser Wille gilt.«

Margarethe ging in die Stube hinauf und nahm eine Arbeit zur Hand; – doch ihre Augen brannten sie wie Feuer, – sie sah nur unsicher die feine Näherei und warf sie bald wieder zur Seite. Es duldete sie nicht mehr auf dem Platze am Fenster, nicht mehr in der Stube. Sie kam ihr so groß und leer vor und war doch mit so schönen Zierraten angefüllt, so blank und kostbar eingerichtet, wie kaum ein anderes reiches Bürgerhaus der Stadt es bot. Sie trat wieder hinaus, erteilte den Mägden einige Befehle, schalt und ärgerte sich über dies und das, dann ging sie langsam, dann rasch und immer rascher durch einen langen schmalen Gang einige Stufen hinan in ein Kämmerlein, das nach dem Hofe zu lag. Als sie hier eintrat, klopfte ihr Herz fast hörbar. Schwankend blieb sie an der Türe stehen; – ihr Stolz empörte sich gegen das, was sie vorhatte, und doch war er nach kurzer Weile überwunden. Sie drückte die Türe ins Schloss und näherte sich einem kleinen Fenster und spähte fast atemlos durch dasselbe hinaus nach dem Hofe zum Gutenberg hinüber, dessen Rückseite von hier sichtbar war. Unter dem Fensterlein lag der Blumengarten der Frau Else und hoch oben die Dachkammer, Johanns geheime Werkstätte, in der er noch immer in unbelauschten Stunden sein Wesen trieb. Doch längst hatten die Zeichen, die sie von hier aus miteinander gewechselt, aufgehört; denn Johann kam seit Jahren nicht mehr herüber in die Werkstätte und nur zufälliges Begegnen führte sie noch hie und da zusammen. Der blasse Knabe war zum blühenden Jüngling geworden, – sie eine Jungfrau; – die feindseligen Gesinnungen der Patrizier und Zunftgenossen hatten sich gesteigert und so wich die innige Freundschaft der Kinder mit dem Älterwerden diesen Verhältnissen. Aber vielleicht gerade dadurch, dass das unbefangene Jugendglück gestört wurde, erwachte in Margarethens Herz die Sehnsucht darnach in erhöhtem Grade; je mehr der Knabe über sie hinauswuchs und je schöner und stattlicher er wurde, desto heftiger verlangte es sie, ihm wieder nahe, ja noch näher zu kommen als einst in den glücklichen Kinderjahren. Wohl sträubte sich ihr Stolz und ihr Mädchentrotz gegen diese Sehnsucht, dies Verlangen – und dass sie ihn liebe, den Knaben, der nicht älter war als sie, den Sohn der hochmütigen Alten, wollte sie sich lange nicht eingestehen. – Da, als sie einst am Fensterlein der kleinen Kammer lag und durch gebrochene Wolken der Mond gar sehnsüchtig auf die Erde niederschaute und eine Nachtigall in Elsens Garten süße Liebesmelodien sang, stiegen die verräterischen Tränen aus dem jungen Mädchenherzen auf und brachen seinen Stolz und klagten mit der Nachtigall und erzählten dem Monde sein süßes Leid.

Ihre Liebe zu Johann sich eingestehend, sah sie auch die Unhaltbarkeit derselben ein und kämpfte dagegen an; – allein gerade in dem Widerspruche der Verhältnisse lag ein Reiz mehr für des Mädchens trotzige Natur. Der Stolz der Patrizier, der fest daran hielt, keine verwandtschaftliche Verbindung mit den Zunftgenossen einzugehen und darin den höheren Stand und Rang unangetastet behauptete, stellte sich als unüberwindliches Hindernis ihrer Liebe entgegen, kaum minder die feindseligen Gesinnungen der Zünfte gegen die adeligen Hausgenossen, deren Einfluss auf alle städtischen Angelegenheiten sie untergraben, deren Macht sie brechen, aber nicht ihren Hochmut auf ihre adelige Abkunft beugen konnten.

Johann, der so lange in Meister Helferichs Werkstätte aus- und eingegangen, kam nach und nach seltener und blieb zuletzt ganz aus. Sein Vater verlangte es entschieden von ihm; auch nahmen ihn jetzt wissenschaftliche Studien mehr in Anspruch; dabei übte er sich jedoch fortwährend in mechanischen Fertigkeiten und die Kammer unter dem Dache blieb nach wie vor seine Werkstätte. Margarethe entging dies nicht und ganz insgeheim nährte ihre Liebe die Hoffnung, der Patriziersohn werde einst noch um ihretwillen ein Zunftgenosse werden. Doch sang sie nicht mehr aus einer Dachluke zu ihm hinüber; nur verstohlen schaute sie aus dem kleinen Fensterlein und freute sich, wenn sie ihn unbemerkt sah. An schönen Sommerabenden, wenn er mit seiner Mutter im Garten war und ihr die Blumen pflegen half, schaute er wohl auch herauf an dem Nachbarshause und Margarethe hoffte – glaubte, er spähe nach ihr. So wuchs ihre Liebe im Lauf der Jahre. Ihr Vater drängte zu einer Heirat mit dem Sohne seines Freundes Fust. Jakob war ganz der Mann, wie er ihn für seine Werkstätte, für sein Kind und für seinen Reichtum wünschte, doch Margarethe zögerte, bat um Aufschub und die väterliche Liebe beherrschte den sonst sehr entschiedenen Willen des alten Meisters. Etwas Bestimmtes jedoch wagte ihr Herz nicht zu wollen, noch weniger ihr Mund zu verlangen. Die Verhältnisse lagen zu ungünstig, auch war sie ja Johanns Liebe nicht gewiss, ebenso wenig seiner Gesinnungen gegen die Zunftgenossen. Freundlich, wie er immer mit ihr gewesen, war er es freilich noch und wenn sie sich begegneten, hatte er stets ein liebes Wort für sie, aber sie wagte dem, was er sagte, keine bestimmte Deutung zu geben. Jedenfalls wenn er sie liebte, suchte er diese Empfindung zurückzudrängen und erwartete wohl ein gleiches von ihr. Sie wollte es auch, wollte keine Schwäche dem Sohn der Feinde verraten, sich, der Tochter des reichen Meister Helferich, keine Blöße geben, allein dennoch folgte sie dem Herzen, folgte ihm immer wieder und suchte das Fensterlein auf, aus dem sie hinüberschauen konnte nach seinem Hause. Oft schon hatte sie beschlossen, es nicht mehr zu tun, – doch erst gestern stand sie hier – und heute schon wieder. Aber wie zur Rache dafür konnte sie drüben nichts bemerken. In der Kammer unter dem Dache war es ganz still und drunten im Garten rauschte nur der Wind über die gelben Blätter, die er von den Bäumen geschüttelt. Nicht einmal eine Blume war mehr zu schauen, die letzte kalte Nacht hatte sie alle geknickt.

Sie dachte der Zeit, wo sie mit Johann da unten gespielt oder er über die Mauer geklettert war, um in den kleinen Hofraum zu ihr herüber zu kommen. Oft hatte er ihr eine schöne Blume aus Elsens Garten mitgebracht; aber sie hatte alle wieder verloren, keine im Gebetbuche aufbewahrt. Wie gern hätte sie jetzt ein solches Andenken an das Herz, an die Lippen gedrückt, – damals war der Wert der Blumen ein vorübergehender für sie, – mit ihrem Dufte war er dahin. Sie hatte den lieben Gespielen ja selbst, sie brauchte kein Erinnerungszeichen an ihn. Jetzt eine Blume von seiner Hand ihr dargereicht – sie hätte sie nimmer gelassen. In dem Garten unten blühten keine Blumen mehr, – und wie sie geblüht, wie sie auch im Sommer noch so schön geprangt, – Johann pflückte keine mehr für sie. Das verwöhnte Kind des reichen Mannes, das schöne Mädchen, dem von Alt und Jung gehuldigt wurde, fühlte sich recht arm, recht unglücklich, dass in Elsens kleinem Garten keine einzige Blume mehr für sie aufblühte.

Fast weinend vor Missmut und Schmerz trat sie zurück und wollte sich wieder aus der Kammer entfernen, da vernahm sie Tritte und Stimmen unten. Behutsam nahte sie sich dem Fenster wieder und spähte und horchte hinab. Es waren Frielo und Johann, welche in eifrigem Gespräche aus dem Hause gekommen und nun in den schmalen Wegen des Gartens umhergingen.

»Ich werde nicht mitreiten«, hörte sie Johann sagen. »Ich mag es nicht, Frielo, mag nicht dabei sein, wo es sicher wieder Streit mit den Zunftgenossen gibt. Dieser ewige Hader zwischen Bürgern einer Stadt empört mich. Ich will das Feuer des Hasses nicht schüren helfen.«

»Möchtest viel lieber selbst ein Zunftgenosse werden?«, fiel Frielo höhnisch ein. »Man weiß ja, dass deine Neigungen dich von jeher zu ihnen hinabzogen.«

»Ich freute mich schon als Knabe ihrer Arbeiten und erfreue mich noch daran«, erwiderte Johann mit edler Wärme. »Ist es denn Schande, Nützliches zu schaffen? Geht denn nicht Großes und Schönes aus ihren Werkstätten hervor? Man sollte ihren Fleiß hoch in Ehren halten, statt ihn zu verspotten. Er hat sie reich und mächtig gemacht und ist mehr Gewinn für die Welt als die ewigen Fehden der Großen, die raubsüchtigen Gelüste der Ritter, ihre rohen Freuden und Grausamkeiten.«

»Ich sehe es kommen, dass du selbst noch ein Handwerker wirst«, lachte Frielo auf. »Pfui, schäme dich, Johann. Solch niedere Gesinnungen beschimpfen einen Sohn unseres Hauses.«

»Haben deine ritterlichen dir Ehre und Glück gebracht?«, fragte Johann mit Nachdruck. »Du selbst nicht zum Ritterstande gehörend suchst dich ihm gleich zu stellen und untergräbst dadurch dein häusliches Wohlergehen.«

»Schweige, Knabe!«, brauste der viel ältere Bruder auf. »Wie kannst du es wagen, mich zu tadeln? Ich handle im Sinne unserer Vorfahren und halte den Namen unseres Stammes hoch. Drum schließe ich mich den vornehmen Geschlechtern an, die den Hof des Erzbischofs umgeben und deren Burgen längs des Rheines sich erheben. Du dagegen sympathisierst mit den Zunftgenossen, den Plebejern – aber ich sage dir, Johann, ich dulde deine geheimen

Beschäftigungen nicht mehr, von denen ich wohl unterrichtet bin, – eher verläsest du Haus und Heimat.«

Nach diesen heftig hervorgestoßenen Worten verließ er den Garten und kehrte in das Haus zurück. Johann sah ihm kopfschüttelnd nach, setzte sich dann auf eine Bank an der Mauer, brach ein Reis und schrieb Zeichen damit in den Sand.

Margarethens Herz klopfte schneller, – sie legte sich weiter über die Brüstung des Fensters hinaus und sang ein Lied zu ihm hinab, ein Lied, das sie oft in ihren Kinderjahren ihm gesungen.

Er schaute auf und rief ihr freundlich »guten Abend« zu. Sie begann ein Gespräch mit ihm, – aber so voll ihr Herz auch war und so voll wichtiger Dinge – sie wusste nur die allergewöhnlichsten Fragen an ihn zu richten. Er antwortete kurz, doch freundlich – und als er neben seinem Sitze eine Blume entdeckte, die von der Mauer geschützt dem Nachtfrost entgangen war, brach er sie ab und fragte, ob sie die Blume haben wolle? Sie zauderte einige Augenblicke mit der Antwort, dann aber sagte sie bedeutungsvoll:

»Wenn Ihr mir sie von Herzen, – von Herzen gerne geben wollt, – Junkherr, – ja, ja, dann will ich sie.«

»Wem gäbe ich sie lieber als Euch, Margarethe? Freutet Ihr Euch doch schon als Kind der Blumen, die ich Euch brachte. Da, nehmt diese späte Blüte.«

Er schwang sich auf die Mauer, befestigte die Blume an das Reis, mit dem er vorhin Buchstaben in den Sand gezogen und reichte sie hinauf an Margarethens Fenster. Sie beugte sich herab, griff mit der einen Hand darnach, mit der anderen nach einer Schleife an ihrer Brust, löste die Blume von dem Reise, befestigte das blaue Band an ihrer Stelle und sagte leise und innig:

»So, da nehmt die Schleife dagegen, Junkherr. Möchte der Tausch eine gute Vorbedeutung des Friedens sein zwischen den Euren und den Unseren! Euer Wille ist dies gewiss ebenso wie der meine?«

»Gewiss, Margarethe, ganz gewiss«, bestätigte er eifrig. »Dächten alle wie wir, wäre kein Streit mehr in der Stadt.«

»Lasst uns versöhnen und ausgleichen helfen!«, fuhr sie mit großer Wärme fort. »Reitet morgen mit, Junkherr, und suchet zu vermeiden, dass es keine feindseligen Neckereien gibt.«

»Die werden nicht ausbleiben, Margarethe. Unser guter Wille vermag daran wohl nichts zu ändern, doch will ich tun, was Ihr begehrt. Ein gutes Wort zu rechter Zeit hat schon zuweilen etwas genützt.« »Ich danke Euch, Junkherr – danke Euch recht von Herzen – und nun, gute Nacht, lieber Freund – gute Nacht – und vergesst die schönen Kindertage nicht.«

Sie trat schnell von dem Fenster zurück. Sie fürchtete, sich zu verraten und das wollte sie nicht. Das liebe Geschenk aber drückte sie an ihre Lippen, an ihr Herz und an ihre Augen voll heißer Liebestränen. Er kehrte langsam nach seinem Hause zurück, sagte Frielo, dass er sich morgen dem Zuge anschließen werde und ging dann in sein Zimmer. Dort fand er ein Buch, das sein alter Lehrer für ihn hingelegt hatte. Er griff begierig darnach und vertiefte sich so in seinen Inhalt, dass er sein Versprechen und Margarethens Schleife ganz darüber vergaß und sich erst wieder daran erinnerte, als er zum Abendessen abgerufen wurde und das Band, welches er mechanisch in der Hand gehalten, als Zeichen in das Buch legte.

Ein nebeliger Herbsttag folgte diesem Abend. Die adeligen Reiter saßen stolz auf ihren leichtfüßigen Rossen und kamen vor den Zunftgenossen auf dem großen Marktplatze, dem Versammlungsorte, an. Es lag etwas Herausforderndes, Übermütiges auf den meisten Gesichtern der Alten, besonders der jüngeren Alten, an deren Spitze sich

Frielo befand. Johann sah mit ernstem Blicke drein und mehr noch als gestern befürchtete er einen unfreundlichen Ausgang des gemeinschaftlichen Rittes. Langsam und nicht in der besten Ordnung kamen die Zunftgenossen daher; – die alten Meister fühlten sich unbehaglich auf den schwerfälligen Pferden, die mehr an Arbeit als leichten Tritt gewöhnt, sie nicht allzu sanft trugen.

Jede der Parteien hatte ihren Bürgermeister in der Mitte, der als Sprecher den Erzbischof zu bewillkommnen hatte. Wer aber von beiden der erste sein sollte, dies Amt auszuüben, war eine unentschiedene Sache geblieben. Sie war so delikater Art, dass man sie nicht zu berühren wagte und es eben dem Schicksal, Zufall oder Glück anheimgab, sie zu entscheiden. Die mächtigen Zünfte glaubten das Recht des Vortritts ebenso auf ihrer Seite als die stolzen Patrizier es für sich beanspruchten. Schon auf dem Versammlungsplatze war eine strenge Absonderung der beiden Teile bemerklich, welche sich zum Vorteil der Patrizier entschied, die in geschlossener Gruppe leicht und keck auf den reichgeschirrten Pferden saßen.

Als von dem hohen Dome die bezeichnete Stunde schlug, setzte sich der ganze Zug in Bewegung, – doch wie von selbstverständlich, schwangen sich die Patrizier an die Spitze desselben und kaum hatten sie das Thor passiert, als sie ihre Pferde in Galopp setzten und die Zunftgenossen weit hinter sich zurückließen.

Vergebens war Jakobs Bemühen, den Zug der schwerfälligen Reiter in rascheren Gang zu bringen, – die störrischen Pferde wollten mit ihren wenig geübten Lenkern nicht vorwärts kommen. Der Erzbischof war längst von den Patriziern bewillkommnet und umringt, als die Zunftgenossen bei ihm anlangten, und es wurde ihrem Bürgermeister nicht möglich, in die unmittelbare Nähe des hohen Herrn zu kommen und seine Bewillkommnungsrede zu halten. Der geistliche Fürst in voller Ritterrüstung war wie von einer undurchdringlichen Mauer umschlossen, teils von seinem glänzenden Gefolge, teils von dem Adel seiner Residenzstadt, welcher mit schlecht verhehlter Schadenfreude die lächerliche Rolle der berittenen Zunftgenossen, die verspätet und atemlos ankamen, möglichst zu erhöhen und vor den Augen der hohen Gäste bloßzustellen suchte.

Triumphierend trabten sie mit dem Erzbischof der Stadt zu, voll Hohn auf die nachkommenden Zunftgenossen blickend. Sie freuten sich unverhohlen, die hochmütigen Gewerbetreibenden gedemütigt zu haben, welche ihre Stimmen in allen Angelegenheiten der gemeinsamen Vaterstadt über die ihren zu erheben wussten. Allein dieser kleinliche Triumph des höheren Standes über den geringeren erweckte in letzterem nur das Gefühl der Rache und kaum wurde es den etwas Überlegenen möglich, während den Zeremonien und kirchlichen Feierlichkeiten die Ruhe in der Stadt zu erhalten. Johann, der vergeblich seinem Bruder vorgestellt hatte, wie gefährlich dieser unzeitige Spaß mit den Zunftgenossen werden könne, war an der Seite seines Vaters mit dem Zuge fortgerissen worden, dessen übermütige Haltung seiner innersten Natur entgegen war.

Dem Erzbischof entging die üble Stimmung nicht, die sich immer lauter in der Stadt bemerklich machte, und da er bei einem feindlichen Zusammenstoße der Zunftgenossen und Patrizier sich weder für die eine noch die andere Partei entscheiden wollte, verließ er noch am Abend die Stadt, nachdem er zu Ruhe und Frieden mit salbungsvollen Worten ermahnt. Doch kaum hatte er das Tor passiert, als das dumpfe Gelärme in ein lautes, unheildrohendes überging.

Die Zunftmeister und ihre ersten Gesellen, meistens Söhne reicher Familien, scharten sich zusammen und hielten Rat, während der niedere Pöbel in wildem Getöse durch die engen Gassen sich drängte und die Häuser der

Patrizier umlagerte. Diese versuchten erst, dem drohenden Sturme sich zu widersetzen, doch fanden sie es bald geratener, ihre Häuser fest zu verwahren und hinter Türen und Schlössern den kommenden Tag abzuwarten. Einige suchten durch heimliche Entfernung der heraufbeschworenen Gefahr zu entrinnen. So auch Frielo, der mit Hilfe Martins in einem Kloster sich barg und von da aus noch in der Nacht glücklich über den Rhein nach Eltville entkam.

In Helferichs Werkstätte fanden sich die Meister der Goldschmiedezunft zusammen, um der Überlegung etwas Raum zu geben, denn die Rache, welche auch die Besonnensten an den Alten zu nehmen gedachten, drohte doch in einem gar zu ernsten, wilden Sturm auszuarten. Jakob trug dazu nicht wenig bei. Man sah ihn in den dichtesten Volkshaufen, Hass und Rache gegen die hochmütigen Hausgenossen schürend. Jetzt trat er mit den alten Meistern in Helferichs Werkstätte, nach dem Herrn derselben und Margarethe spähend. Doch beide waren nicht zugegen. Es wurde ungeduldig nach Helferich verlangt, dessen Rat und gewichtiges Ansehen in der Stadt man bedurfte.

»Rufe den Meister, Jakob«, drängte man den Gesellen und er sprang rasch die enge Treppe hinan, trat in die Vorderstube, wo er Helferich fand – bleich, verstört, in einem Sessel sitzend, zu seinen Füßen Margarethe, das verweinte Auge, die gefalteten Hände bittend zu ihm erhoben.

»Meister, Eure Genossen verlangen dringend nach Euch zu Rat und Tat. Was zögert Ihr und sitzet hier ruhig im Stuhle?«, ermahnte Jakob.

Der alte Meister erhob sich rasch und eilte von seinem knienden Kinde der Türe zu – doch auch Margarethe sprang auf und rief ihm beschwörend, fast drohend nach:

»Vater, vergesst nicht, was Ihr mir versprochen.«

Sie erhielt jedoch keine Antwort. Helferich entfernte sich schnell mit dem Gesellen und sie ging von unsäglicher

Angst getrieben in die kleine Kammer und starrte nach dem Hof zum Gutenberg hinüber.

»Die Vorfälle des heutigen Tages haben mich etwas um meine Fassung gebracht«, sagte Helferich bei seinem Eintritt in die Werkstätte. »Sie haben mir gar manchen schweren Gedanken aufgedrungen und ich musste ernster als je einmal darüber nachdenken, was aus all dem Hader werden solle. Diese ewigen Streitigkeiten untergraben die Wohlfahrt der Stadt. Lasst uns darum versuchen, aus dem Wege der Übereinkunft die Alten zu zwingen, ihrem Patrizierstolze zu entsagen. Lasst uns das allgemeine Wohl über die Leidenschaften setzen! Wir wollen einerseits nachgeben: Sie sollen wie früher gleiche Stimmberechtigung in allen Angelegenheiten haben; dagegen aber ihrem Standeshochmut entsagen. Jeder Hausgenosse sei fürder angehalten, zu tun, was schon unsere Väter verlangten, sich in eine Zunft einschreiben zu lassen, dann sollen auch die Patrizier ihre Töchter mit unseren Söhnen verheiraten und den ihren gestatten, ein Handwerk zu erlernen und zu betreiben, sobald sie es wollen. Familienbande knüpfen uns fürder aneinander, auf dass jede Spaltung aufhöre, ein Interesse alle leite und so die Macht und das Ansehen unserer Stadt bei Kaiser und Reich, wie ihre eigene Wohlfahrt erhalten bleibe. Wer sich von den Alten dagegen sträubt, werde angehalten, Mainz zu verlassen.«

»Besser wäre es ohne solche Umstände hinaus mit ihnen allen!«, fiel Jakob ein, der mit finsterem Gesicht Helferichs Vorschlag angehört hatte.

»Schweige. Du bist zum Rate noch viel zu jung«, befahl der alte Meister

»Und Ihr seid schon so alt und könnt noch glauben, dass die Patrizier in Euern weisen Vorschlag willigen werden – und selbst wenn sie es täten, ihr Versprechen halten würden?«

»Schweige, sage ich dir noch einmal«, brauste Helferich heftig auf und schlug hart auf den Tisch. »Schweige,
Jakob. Ich habe gelobt, den Weg der Güte zu versuchen.«

»Ihr gelobt – Margarethen –«, murmelte der Geselle
zähneknirschend und entfernte sich rasch.

Während in Meister Helferichs Werkstätte nun hin und
her beraten und überlegt wurde, was und wie es geschehen
solle, stürzte sich Jakob wieder in die dichtesten Volkshaufen und trieb sie zu schneller Tat an.

Ehe noch Helferich und seine Freunde zu festen
Beschlüssen gekommen waren, um diese dem Rate der
Stadt, der sich inzwischen versammelt hatte, vorzulegen,
erschallte der tausendstimmige Ruf: Stürmt die Häuser
der Alten. Diesem Rufe folgte alsbald die Tat. Türen und
Läden der angesehensten Patrizierhäuser wurden erbro-
chen, Mauern niedergerissen und sie selbst in den eigenen
Häusern gefangen gehalten. Auch dem Hof zum Gutenberg erging es nicht besser; – Johann, wie seine Eltern, wurden strenge darin bewacht und von den erbosten Wächtern
verhöhnt und verspottet.

Es war eine wüste, lärmende Nacht – ewig lange Stunden für die Bedrohten. Mit Mühe nur gelang es den beson-
neneren Bürgern, die Aufregung so weit zu dämpfen, dass
es nicht zu noch schlimmeren Tätlichkeiten kam, wie auch
den Handhabern des Gesetzes soweit Geltung zu verschaffen, ihren Willen durchzusetzen, nämlich: Die Familien-
häupter der Alten auf dem Rathaus zu versammeln und erst
mit ihnen zu rechten, ehe sie die Stadt verlassen sollten. Als
der Morgen anbrach, sahen alle dieser Verhandlung mit
der größten Spannung entgegen und das Volk drängte sich
lärmend in die das Rathaus umgebenden Straßen.

Kurz vor der bestimmten Stunde trat Meister Helferich
in den Hof zum Gutenberg. Sein Schritt war langsam, fast
schleppend, – man sah ihm an, dass er nur widerstrebend

diesen Gang tat. Doch mit kräftigem Drucke öffnete er die Türe, die in das Gemach der Gefangenen führte und seine Stimme klang fest, als er zu dem alten Gensfleisch sprach:

»Wir sind Nachbarsleute seit langen Jahren und haben stets Frieden miteinander gehalten. Euer Sohn hat oft in meiner Werkstätte gestanden und mit Freude der Arbeit meiner Hände zugeschaut; auch meine Tochter, mein einziges Kind kam oftmals in Euer Haus hinüber und Eure Ehefrau hat das hübsche, muntere Ding gerne gesehen. Friedfertiges Zusammenleben ist ein Segen unter Nachbarsleuten – Friede unter den Bürgern einer Stadt, denke ich, müsste ein noch viel größerer sein. Drum, Herr Nachbar Gensfleisch, lasst uns gemeinschaftlich dahin wirken, dass dieser Segen über unsere Stadt komme, – lasst uns gemeinschaftliche Sache miteinander machen und die bösen Geister beschwören, die so lange schon durch unsere Gassen gewandelt. Seid Ihr vornehmeren Standes, sind wir dafür die Mächtigeren in der Stadt und was aus unseren Werkstätten hervorgeht, kann sich messen mit Euren ritterlichen Künsten. Lasst uns das eine mit dem andern ausgleichen und verschmelzen, damit die Größe und Macht unserer gemeinsamen Vaterstadt die schweren allseitigen Zerwürfnisse der jetzigen Zeit überdauere.«

»Was wollt Ihr denn eigentlich, dass geschehen soll?«, fragte der Patrizier finster. »Wo die Feindschaft so weit gediehen, was ist da noch viel gut zu machen?«

»Gebt zu, was unsere Väter schon von den Euren verlangt. Erfüllt es jetzt. Jeder Bürger nenne sich Zunftgenosse und verwandtschaftliche Bande knüpfen fürder die Unsern und die Euren zusammen.«

»Nimmermehr!«, widersprach der Patrizier und richtete sich stolz empor. »Was unsere Ahnen nicht bewilligt, bleibe auch fern von ihren Enkeln. Die Macht habt Ihr anmaßenden Zünfte uns geraubt, unsere adeligen Rechte

69

uns geschmälert, jetzt möchtet Ihr Eure niederen Häuser noch schmücken mit dem Glanze unserer Namen, – aber ich sage Euch, Meister Helferich, ehe dies geschieht, kehren wir lieber der Vaterstadt für immer den Rücken. So denke ich, so denken wir alle. Rechnet eher auf des Himmels Einsturz als auf Nachgiebigkeit von unserer Seite. Der Gewalt müssen wir weichen, doch unseren Stolz, unsere Ehre, unseren unbefleckten adeligen Namen, den raubt Ihr uns nimmer.«

»Es ließe sich vielleicht ein Mittelweg finden«, schaltete Else sanft ermahnend ein.

»Vater, haltet nicht zu starr am Alten«, bat Johann. »Bedenkt das Wohl der lieben Heimatstadt.«

Des Patriziers Auge flammte bei den Worten seines Sohnes zornig auf und mit einer Entschiedenheit, die keinen Widerspruch mehr duldete, sagte er:

»Nun und nimmer sollen diese frechen Zünfte über die Vorrechte unseres Standes triumphieren und nicht mehr über uns selbst, als ihre rohe Gewalt vermag.«

»So kommt zum Rathaus«, befahl ingrimmig Meister Helferich und ohne Gruß schritt er, wie der Herr, stolz dem Patrizier voran, der in fester Haltung und mit verächtlichem Blicke ihm folgte.

Kaum hatten die beiden das Gemach verlassen, als durch eine Seitentüre Margarethe eintrat. Ihr Angesicht war auffallend bleich und ihre Augen vom Weinen gerötet. Wankend schritt sie auf Else zu, ergriff ihre Hand, küsste sie und sagte bewegt:

»Ihr habt ein mildes, versöhnendes Wort gesprochen, edle Frau. Gott lohn' es Euch – und auch Ihr, Junkherr Henne, seid zum Frieden geneigt«, wandte sie sich an diesen und ihre blasse Wange erglühte. »Dächten alle wie wir, kehrten Ruhe und Frieden bald in die Stadt zurück. Lasst uns drum mit gutem Beispiel vorangehen. Alle diejenigen, welche gesinnt sind wie Ihr, werden uns folgen, die andern mögen in ihrem starren Sinne die Heimat mit der Fremde vertauschen. Ihr bleibt hier, Junkherr Johann, nicht wahr? Ihr seid der beste, der edelste von allen – Euer Beispiel wird sicher viele Nachahmung finden. – Lasst Euch in die Goldschmiedezunft einschreiben – ja werdet ein Goldschmied. Gefiel Euch doch sonst die Werkstätte meines Vaters so wohl! Glück und Friede wird dann mit Euch sein und durch Euch, durch Euer edles Beispiel vielleicht auch mit der Stadt. Setzt dies über den Stolz und das Vorurteil – werdet ein Zunftgenosse, Junkherr! Wollet weiter nichts sein, als ein Bürger unserer freien und mächtigen Stadt, – das führt ja zu hinreichendem Ansehen und Glück.«

»Ihr meint es edel und gut, Margarethe«, erwiderte Johann warm und fasste beide Hände des Mädchens und drückte sie innig, dann fuhr er, seine Augen erhebend und über sie hinwegsehend, fort: »Auch mag wohl einmal eine Zeit kommen, wo all das Widerstrebende sich milde löst. Solche Zukunft schwebt meinem Geiste oft vor, aber leider in – weiter, allzu weiter Ferne. Diese besseren Zeiten werden über unsern Gräbern stehen, Margarethe. Was dafür jetzt geschieht, ist nur ein Atem zu ihrem Baue, den allein ein gewaltiger Geist mit mächtigem Wollen rascher vorwärts bringen könnte. Was vermögen unsere schwachen Kräfte in diesen Wirren, die nicht nur unsere Stadt, sondern die ganze Welt durchbeben! Können wir doch nicht einmal den kleinlichen Hader zwischen diesen Mauern bannen! Ihr nicht, Margarethe, – und ich auch nicht. Was würden unsere Worte, selbst unsere Taten dabei frommen? Die tiefe Kluft, welche die Bürger unserer Vaterstadt schon so lange scheidet – wie vermöchten wir, sie auszufüllen?«

»Bin ich denn immer noch die Mutigere«, rief das Mädchen und ihr Auge blitzte feurig auf. »Ist denn meine Seele stärker als die Eure, Johann? – Als es sich gestern Abend darum handelte, Euch ungesäumt in dunkler Nacht aus der Stadt zu verjagen, wie einst unsere Väter mit den Euren getan, da trat ich vor Meister Helferich und flehte um Frieden; entdeckte dem Vater, was seines einzigen Kindes Herz bewege, und schwor, ihn zu verlassen und Euch zu folgen, wenn man Euch misshandle. Es war eine harte Stunde – aber sie verhieß Frieden der Stadt, – und Friede und Glück meinem Leben, – auch dem Euren, Johann, meinem Gespielen, meinem Freunde. Die Blume, welche Ihr mir gestern Abend reichtet, gab mir die Kraft, zu ringen darnach, und Ihr wollt jetzt bangen und zagen? Nein, nein!«, fuhr sie in leidenschaftlicher Erregung fort. »Lass uns mutig mit gutem Beispiele den andern vorangehen, Johann. – Viele werden uns nachfolgen und es wird künftig nur einen Stand in dem goldenen Mainz geben: der ehrsame Bürgerstand. Mein Vater ist durch meine Bitten und Vorstellungen zu richtiger Einsicht gekommen; auch seine Freunde stimmen bei. – Beharrt nun dein Vater bei seinem feindlichen Sinne, so sühne du seine Schuld, bleibe in der Heimat, bleibe bei uns. Deine gute Mutter wird ein Band segnen, das nicht nur unsere Herzen schon so lange umschlingt, das auch Tausenden eine Bürgschaft künftigen Friedens werden wird. Hier, nimm auch die Hand, Johann – mein Herz war ja dein seit es empfindet.«

Margarethe, welche von ihrem Gefühle und dem Ernste der Sache sich fortreißen ließ, glaubte seit dem Geschenke der Blume fest an Johanns Liebe – doch wie sie geendet und ihre heiße, zitternde Hand seine kalte berührte, brach ihr Mut – und beklommen umfasste sie Elsens Knie und verbarg ihr Gesicht an ihrem Schoße.

Johann erkannte überrascht, erschrocken die Gefühle seiner Jugendgespielin und stand fassungslos neben ihr; er vermochte nichts zu erwidern.

Eine bange, peinliche Stille trat ein, die Else mit den staunenden Worten »Wie, Ihr liebt Euch?« unterbrach. Margarethe sah flehend zu ihr auf, dann tief errötend auf Johann, der zitternd und verlegen in seiner unerfahrenen Jugend sich in dieser Lage nicht zu raten wusste und doch empfand, dass er Margarethe Wahrheit schuldig sei, – dass sie eine Täuschung umfange, die er zerstören müsse. Es tat ihm in der tiefsten Seele weh, die liebe Gespielin seiner Kindheit zu kränken und vergebens suchte er nach milden Worten für das Herbe, das er ihr zu verkünden hatte. Da öffnete sich die Türe und Jakob Fust trat schnell herein. Ein Blick genügte ihm, zu erkennen, um was es sich hier handle.

»Steh auf, Margarethe!«, rief er in herrischem Tone. »Was kniest du vor dem Hochmut, der sich durch eine Vereinigung mit uns für beschimpft hält. Lieber verlassen die Alten ihre Vaterstadt, als dass sie uns die Hand zum Freundschaftsbunde reichen. O der Schande, dass wir sie angeboten! Und du, du liegst gar auf den Knien und bettelst darum? Welch' böser Geist ist in dich gefahren – in dich –- Meister Helferichs Tochter? Wo ist dein stolzer Sinn hingekommen, Mädchen? Auf, erhebe dich! Zeige ihnen die Verachtung, welche uns alle gegen sie erfüllt!«

Margarethe erhob sich langsam und warf einen forschenden Blick auf Johann.

»Sprich!«, mahnte sie bebend. »Du musst jetzt sprechen, Johann. Hast du Mut, allem zu trotzen? Liebst du mich, wie ich geglaubt, als ich mein Herz dir offen enthüllte – wie ich es noch jetzt glauben will, so reiche mir die Hand und komme mit in meines Vaters Haus. Keine Gewalt soll meinen Sinn dann beugen – nicht Spott und Hohn, noch böser Wille uns trennen – das schwöre ich dir vor Gott und – –«

»Halt ein, Margarethe!«, unterbrach sie Johann. »Schon ist zu viel gesagt. Wie schmerzlich ist es mir, dein Herz zu beleidigen und doch muss die Wahrheit offenbar werden.

Du täuschtest dich, Margarethe. Ich liebe dich wie eine Schwester, eine Freundin – glühendere Gefühle sind mir fremd geblieben bis heute und werden es wohl für immer bleiben. Ganz andere Dinge beschäftigen meine Seele als Minneglück und häusliche Freuden, sie liegen meinem Verlangen ferne. Beglücke einen andern Mann, der es zu schätzen weiß, mit deiner Liebe, deiner Hand und denke mein als eines Freundes.«

Margarethens Brust kämpfte unter erstickenden Atemzügen, – ihr Herz drohte stille zu stehen; wankend hielt sie sich einen Moment an Else, die voll Sorge und Mitleid sie ansah – dann aber stieß sie Johanns Mutter heftig von sich und wie von einem bösen Geiste erfasst, sprudelte es in wilder Leidenschaft von ihren Lippen:

»Fort mit Euch allen! Ihr seid falsch, gleisnerisch und barbarisch zugleich! Und du, Johann, dem ich vertraute wie einem höheren Wesen, bist schlimmer als sie alle; – du gabst mir ein Liebeszeichen, nur um an meiner Schmach dich zu weiden, den Hochmut deines Standes in seiner ganzen Wucht mich empfinden zu lassen. Aber die Zunftgenossen werden sich rächen an Euch, ihr hochmütigen Narren, die ihr wähnt, mehr zu sein, als sie – und ich – ich – schwöre, dich zu hassen und zu verfolgen, so lange ich lebe! Käme je wieder eine Zeit die Euch zurückbrächte in die Mauern dieser Stadt, wird doch Margarethe ihre Schmach nicht vergessen haben. Meine Liebe war ein Werk des Satans, der meinen Sinn umstrickte, – er soll mir nun auch zur Rache verhelfen. Komm, Jakob!«, fuhr sie unter Tränen des Zorns und der Verzweiflung fort, »Komm hinweg von hier und bin ich dir nicht zu schlecht nach solcher Schmach, werde ich dein Weib, sobald diese giftigen Unken jenseits des Rheines sind.«

Sie stürzte hinaus. Der Geselle folgte ihr mit ziemlich ruhiger Miene nach.

»Arme Margarethe!«, sprach Johann tief ergriffen. »Wie bedaure ich dich – aber, bei Gott, ich trage keine Schuld an deinem Leid.«

Noch an demselben Tage verließen die reichsten und angesehensten Patrizierfamilien die Stadt. Sie zogen es vor, sich lieber in anderen Städten niederzulassen oder auf ihren Gütern zu leben, als die Bedingungen zu erfüllen, welche ihnen die Zunftgenossen stellten. Hohn und Spott begleiteten sie, doch vergriffen sich ihre Verfolger weder an ihren Personen noch an ihrem Eigentum. Sie konnten von ihren Habseligkeiten so viel mitnehmen, als sie wollten, und was in ihren Häusern zurückblieb, ward darin verschlossen, ein unantastbares Gut für jedermann.

Friedrich Gensfleisch zog mit Weib und Sohn nach Eltville und ließ sich dort auf seinem Familiensitze, wo auch Frielo wohnte, nieder. Pater Martin folgte seinem Zögling dahin nach und wollte auch Hennel, den Alten, bestimmen, das Land mit der Stadt zu vertauschen. Doch dieser fand es rätlicher, im Hofe zum Landeck zu verbleiben. Er wusste einen klugen Mittelweg einzuschlagen und blieb unangefochten in dem großen Hause.

Kurz nach diesem Streite vermählte sich Helferichs schöne Tochter mit Jakob Fust. Das blühende junge Mädchen war eine stille, bleiche Braut. Sie trat jedoch mit festem Schritte an den Altar und sprach das bindende »Ja« laut und deutlich aus. Bald zeigte sie sich als eine strenge, etwas herbe Hausfrau, allein dessen ungeachtet wusste sich ihr Mann seine Herrscherrechte ihr gegenüber zu wahren.

Als nach einigen Jahren der alte Meister Helferich zur ewigen Ruhe einging, ersetzte sein Schwiegersohn ihn vollkommen, sowohl in der Werkstätte als auch im Rate der Stadt und schwang sich von da an schnell zu großem Ansehen empor. Die Fust'sche Familie galt überhaupt für eine der angesehensten und mächtigsten und wusste in allen städtischen Angelegenheiten ihrer Stimme Achtung zu verschaffen.

Jakobs ehrgeiziger Sinn strebte immer höher hinauf und da die Zünfte jetzt uneingeschränkt herrschten, hielt er es nicht für allzu schwer, sich einst als erster Bürgermeister an die Spitze der Herrschaft zu schwingen. Margarethe, deren Herz in der Liebe das gewünschte Glück nicht gefunden, unterstützte ihren Mann in seinem ehrgeizigen Streben: Ihr Trachten ging dahin, in äußerer Ehre, Ansehen und Reichtum Entschädigung für das getäuschte Liebesverlangen zu finden. Sie erwarb sich dabei den Ruf einer ebenso stolzen und herrischen als schönen Frau.

5

Der Frühling bekleidete die Höhenzüge des Taunus mit grünem Blätterschmucke und in der Ebene zog er einen Blütenkranz um Dörfer und Burgen. Unter seinem anmutigen Walten verbargen die grauen Ringmauern und Türme ihre herbe Bedeutung: notgedrungene Schutzwehr gegen rohe Gewalt. Unzählige Vögel sangen um sie her der Sonne entgegen, die eben dunkelglühend hinter weißen umdufteten Bergen emporstieg. Ein leises Erzittern ging durch die ganze Natur, als sich der belebende Strom ihres goldenen Lichtes über sie ergoss. Es säuselte in heiliger Freude durch die blütenreichen Zweige, die grünen Halme streckten sich höher und die Tränen, welche die scheidende Nacht auf die Blüten und Blätter niedergelegt, perlten in heiterem Glanze vom Lichte geküsst und träufelten, die Erde erfrischend, auf sie nieder. Das Rheingebirge prangte im Lichte des herrlichsten Tages und an seinem Fuße lagen weithin ausgebreitet Dörfer und Gehöfte, reiche Felder, Obst- und Weinpflanzungen.

Im Vordergrunde, dicht an dem Rheine, erhob sich die Stadt Eltville mit der erzbischöflichen Burg und vielen burgähnlichen Schlössern und stattlichen Häusern. Auch diese freundliche Stadt war ummauert und befestigt wie mehr oder minder selbst die kleinsten Ortschaften dieses von der Natur so reich gesegneten Landstriches. Die Zeiten des Faustrechtes waren noch keineswegs ganz überwunden, noch nicht alle Raubburgen gefürchteter Ritter gebrochen und der Hader der Großen, Streit um weltliche und kirchliche Macht nirgends beseitigt. Das Volk, dessen besseres Dasein nur im Frieden einigermaßen gedieh, suchte seine Wohnungen so viel als es ging vor Zerstörung zu wahren, zog Gräben und Mauern um sie her und half die Sitze des inwohnenden Adels befestigen. Ebenso schuf die sorgende, fleißige Hand des Rheingauers da, wo die Natur sein schönes Ländchen nicht durch hohes Gebirge, dichte Waldungen und den breiten Strom schützte, ein eigentümliches Bollwerk gegen das Eindringen roher Gewalt. Es war ein tiefer Graben, der die offenen Seiten des Rheingaues umzog, mit Bäumen und wildem Gestrüpp bepflanzt, das dicht ineinandergeflochten eine schwer durchdringliche Wand bildete. Ihre Durchgänge beschützten gemauertes Werk, mit Türmen gespickt, gleichsam befestigte Pässe, die man, um von den offenen Seiten aus ins Rheingau zu kommen oder es zu verlassen, passieren musste. Diese Schutzmauer, welche man das Gebück nannte, nahm etwa eine Stunde oberhalb Eltville ihren Anfang und hatte dort ihre Hauptschanze, ein mit sechzehn Türmen besetztes, viereckiges Mauerwerk, Backofen genannt, und zog sich vom Rheine ab, dem Laufe eines Baches folgend um Dörfer her, bis es in die Naturbefestigungen der Berge und Wälder überging und im unteren Rheingaue seine Fortsetzung fand.

An dem schönen Frühlingsmorgen jedoch, an dem wir eine Strecke des Rheingaues betreten wollen, schien jeder Gedanke an der Menschen Zerwürfnisse, welche solche Bollwerke nötig machten, eine Sünde und auch verbannt zu sein von des Himmels hellleuchtendem Blau, das über dem fruchtbaren Erdboden so friedlich sich wölbte. Die Menschen schritten wohlgemut aus ihren ummauerten Wohnungen und griffen rüstig zur Arbeit, welche Gottes Segen so sichtlich belohnte. Eine rührende Heiterkeit lag selbst in sorgengefurchten Gesichtern und nicht allein der

Sonne Pracht, der Vogelsang und Blütenduft rief sie hervor, es war vielmehr das üppige Emporsprossen der Halme, die vielversprechenden Rebenknospen und der Gedanke an die schwerbeladenen Äste voll Obst, welche die rosig weiße Blütenfülle versprach. Der Anblick der Schätze, welche die gütige Altmutter mit so vollen Händen ihren Kindern spendete, machte selbst auf Stunden den Neid des Armen verstummen, an dem auch dieser Reichtum der Natur versagend vorüberging. Der frische Morgen rief ermutigend zu des Tages Arbeit, stärkte Herz und Sinn und stählte die Kräfte, welche um kärgliches Brot sich abmühten.

Auf den Feldern, zwischen den rührigen Landleuten, dem blanken Gespann der Kühe und Ochsen, den weidenden Schafen und den trillernden Lerchen, jubelten helle Kinderstimmen. Die Kleinen, die um eines Käfers, eines Sonnenstrahls willen der niederen Hütte und ihrer trüben Schatten vergaßen, denen sie eben entlaufen, suchten der für sie bestimmten Arbeit zu entkommen, dem nachsichtigen Auge der Mutter zu entwischen, bis die strenge Mahnung des Vaters zu dieser oder jener kleinen Hilfe sie rief. – Mussten sie doch Vogelnestchen und Maikäfer suchen, sich Pfeifen aus dem grünen Rohre schneiden oder die nackten Füße in den kräuselnden Wellchen baden, die tändelnd der mächtige Strom über das sandige Ufer hin und her warf. Es war ein schönes, friedliches Bild dieser Maimorgen voll Sonnenschein, Blütenduft und Arbeitslust. Die mit Mauern und Gräben umschlossenen Dörfer, die getürmten Burgen, welche sich trotzig darüber erhoben, sie lagen in seiner frischen Pracht wie die graue Vergangenheit in heller Gegenwart und das Kreuz, das aus den Kirchen und den weißschimmernden Klöstern sich erhob, zeigte so freundlich leuchtend aufwärts zum klaren Lichte des Himmels, dass selbst ein freudig hoffnungsreiches Ahnen dem trübsten Gemüte Trost zusprach.

Am Ufer des Rheines, auf einem erhöhten Punkte, dessen Fuß die Wellen bespülten, stand ein Mann in sonderbarer Kleidung. Sie wich von der damals herrschenden Tracht wesentlich ab. Laune und Zufall schien sie aus bunten Lappen zusammengesetzt und diese hinwiederum ihren Tribut Zeit und Wetter entrichtet zu haben. Das kurz abgeschnittene blonde Haar bedeckte eine dunkelfarbige Kappe, eine Art Barett, mit mehreren Pfauenfedern geziert und um die Schultern des Mannes hing an einem abgeblassten Bande eine Fidel. Sein Alter war schwer zu erraten: Der Glanz seines blauen Auges, die helle Farbe seines Gesichtes, wie die stramme und doch geschmeidige Haltung seines Körpers ließen aus frische Jugendjahre schließen, während einige Furchen in der hohen Stirn und zwei scharf eingegrabene Linien, die sich von den Mundwinkeln abwärts zogen, Erfahrungen eines längeren Lebens bekunden wollten. Die auffallende Erscheinung dieses Mannes stimmte nicht mit seiner Beschäftigung, die in Fischangeln bestand. Auch schien ihm dies Geschäft bald ein unangenehmes zu werden, denn so oft er die Angel leer aus dem Wasser hob, warf er sie mit allen Zeichen der Ungeduld wieder hinein. Endlich hatte er eine Anzahl kleiner Fische beisammen, die er in ein buntes Tuch band. Ehe er jedoch seinen Fang aufnahm, sah er eine Weile in den schönen Morgen hinein und als müsse er erst seine Brust von irgendeiner Last befreien, zog er gierig, mit vollen Zügen die frische, würzige Luft ein, – dann griff er nach seinem Instrumente und entlockte den wenigen Saiten desselben eine eigentümlich verworrene Melodie. Die Kinder, welche in der Nähe mit ihren Füßchen in den glitzernden Wellen spielten, lockten diese Töne herbei. Bald war der Spielmann von ihnen umringt und sie lauschten strahlenden Auges und mit halbgeöffneten Lippen seinen Weisen, die bei ihrem Anblick immer fröhlicher wurden; dann sahen sie einander verlangend an,

Hände und Füße zuckten, bewegten sich. Die Fidel spielte Tänze auf und der Kinderkreis drehte sich fröhlich jauchzend um den Musikanten.

Während die Kleinen ihre elastischen Glieder lustig bewegten und dazu sangen und jubelten und der Spielmann nicht müde wurde, ihre Freude zu erhöhen, mahnten die Glocken der Kirchen nah und fern zur Andacht. Auf den Feldern ruhte die Arbeit und alle Hände falteten sich und alle Lippen murmelten das gebräuchliche Morgengebet, – nur die Fidel rastete nicht und die Kinder tanzten fort, nichts hörend als den Ruf zur Freude; trunken von schuldloser Lust pochte ihr Herz, sah ihr Auge empor an das heitere Blau des Himmels.

»Freude ist auch Gebet, wenn sie unschuldig ist wie diese«, murmelte der Spielmann und seine lustigen Weisen ertönten noch lauter. »Ich will ihr Priester an diesem schönen Morgen sein. Tanzt, ihr Kleinen, immer zu – lebt der Lust vor des Tages Hitze, die schon euer junges Leben bedroht; – tanzt, Kinder, tanzt – freuet euch so lange es geht und lacht den Himmel an – s' ist besser als ein Paternoster.«

Die Glocken verstummten, die Landleute griffen wieder zu Spaten und Hacken, doch die Fidel spielte noch auf und die Kinder wurden nicht müde zu tanzen. Da sprengte der Ruf zur Arbeit die muntere Schar auseinander und bald mahnte auch sie die höher steigende Sonne, dass die frische Morgenfreude viel kürzer als des Tages Hitze sei.

Der Spielmann nahm das Tuch mit den Fischen auf, hing es über seine Achsel und schritt Eltville zu. Einige hundert Schritte vor der Stadt bog er jedoch in einen Seitenweg ein, der in einen großen Obstgarten führte. Mitten darin, von hohen Bäumen überwölbt, stand eine kleine Hütte, aus Lehm gebaut. Sie lag in tiefem Schatten und sah selbst unter dem Blütensegen unfreundlich aus. Als der Spielmann dieser bescheidenen Behausung nahte, öffnete sich die niedere Türe derselben und ein weibliches Wesen in ärmlicher Kleidung trat daraus hervor. Wie die Frau den Ankömmling erkannte, glitt ein Lächeln der Freude über ihr bleiches Gesicht. Sie reichte ihm die Hand zum Willkomm entgegen und sagte mit bewegter, doch matter Stimme:

»Du bist es, Kuno? Schon glaubte ich, du seiest wieder fortgezogen, – und es wäre auch besser so, – du kannst doch nicht dein Leben an mich und diese kleine Hütte knüpfen ; dein kräftiger Sinn, dein alleiniges Gut ginge bald dabei zu Grunde. Überlasse mich mir selber – ich habe ja hier einen Ruhepunkt seit Jahren schon gefunden, der meinem Leben genügt.«

»Bist Obsthüterin geworden«, ergänzte er bitter. »Und im Winter darfst du spinnen in der Gesindestube des vornehmen Hauses – du, Hemma, die einst –«

»Schweige von der Vergangenheit«, fiel sie flehend ein. »Ein Sturm hat die schöne Zeit unseres Daseins für immer zerstört. Zu was ihrer noch gedenken? Auch ist hier mein Leben so schlimm nicht, wie du glaubst, besonders seit vorigem Herbste nicht, seit die aus der großen Stadt drüben am Rheine hieher gekommen sind. Die Frau und der Pater sind milde und gut und der junge Sohn gleicht seinem stolzen Bruder nicht. Ich hatte bessere Tage drinnen im Hause. Oft saß ich hinter dem warmen Ofen der Frau Else und spann und hörte zu, wenn der Junkherr Johann schöne Märchen vorlas oder dem Fräulein Geschichten erzählte; und als ich schwer krank darniederlag, reichten sie mir Speise und Trank und der Pater hing mir ein wundertätiges Amulett um; Frau Else schickte nach der Kräuterfrau im Gebirge, mir einen Trank zu bereiten und das Fräulein ließ einen der Männer zu mir, die böse Übel besprechen. Ja wäre es nicht besser darauf geworden, hätte wohl der Junkherr gar einen Doktor angegangen, der armen Magd sich zu erbarmen.«

»Und jetzt weilst du wieder hier in der elenden Hütte –
allein – und immer noch leidend!«, entgegnete Kuno düster.

»Der Frühling vor den Mauern würde mich stärken,
meinte Frau Else. Und ist es denn nicht schön hier – auf
dem grünen Rasen, unter den Blüten, in der reinen Luft? O,
sie tut mir wohl, Bruder, ich werde wieder genesen.«

Kuno warf einen zweifelnden Blick auf die hagere
Gestalt, in die bleichen Züge Hemmas, dann fasste er ihre
beiden Hände und sagte eindringlich:

»Ziehe mit mir! Ich will dich schützen und pflegen.
Bin ich auch nur ein fahrender Spielmann, ein vogelfreier
Mensch, der keine Rechte und keine Heimat hat – ein
Auswurf der Gesellschaft, so lebt doch hier in meiner
Brust eine Kraft, die auch der gewaltige Sturm, der unser
Leben gebrochen, nicht ganz vernichtet hat; – ihr vertraue,
Hemma, und folge mir! O, hättest du es gleich getan nach
jener Nacht voll Graus! –«

Hemma erbebte – erzitterte und sprach kaum hörbar:

»Ich vertraute seiner Liebe mehr, als der deinen, drum
bleib ich bei der Mutter Grab. Wochen, Monde harrte ich
sein, – er kehrte nicht wieder, – das Kind der Schande war
verlassen von allen – ganz allein. –«

»Ich dachte dein, arme Schwester, und kehrte zurück,
nachdem mein Schmerz mich Monden lang wahnsinnig
umhergetrieben. Ich suchte dich am Grabe unserer Mutter auf – und fand die heilige Stätte leer – nur Disteln und
Dornen darauf. Du warst verschwunden. Niemand wusste,
wohin du gewandert – da ging ich auf die Wanderschaft. Der
verachtete Sohn der Sünde wurde ein fahrender Spielmann,
ein vogelfreier Mensch. So trieb ich mich im deutschen
Reiche umher, fand das Land unserer Kindheit wieder und
spielte wie noch in vieler Herren Länder dort den Leu-
ten lustige Tänze auf und sang ihnen Lieder und erzählte
ihnen – doch das verstehst du nicht, fromme Hemma, aber

wenn du den Mut gewinnst, des fahrenden Spielmanns Gefährtin zu werden, sollst du's verstehen lernen.«

Hemma schüttelte verneinend ihr Haupt und sagte:

»Ich habe nur noch eine Sehnsucht: nach Ruhe. Auf meiner Wanderung klopfte ich wiederholt an die Pforten heiliger Mauern an, aber der Bettlerin wurde nur eine kleine Spende, Aufnahme nicht. Überall wies man die Vagabundin mit strengen, ermahnenden Worten zurück, bis sie hier todesmatt zusammenbrach. Ein Kind, einem Engel gleich, bat für die Unglückliche um Hilfe. Man gab ihr Brot und eine Unterkunft in dieser Hütte; – nach und nach erwarb ich mir Vertrauen und Teilnahme. Wenn die Vertriebenen wieder in die Stadt zurückkehren, will Frau Else mich mit dahin nehmen und dort im Kloster der armen Klarissinnen für mich um Aufnahme bitten.«

Der Spielmann warf einen langen, traurigen Blick auf seine Schwester, dann reichte er ihr das Tuch mit den Fischen und sagte:

»Da nimm, es ist ein frisches Frühmahl für uns. Bereite es, Hemma.«

Er trat in die niedere Hütte, die nichts enthielt, als ein Lager von Laub, eine Bank und einen Tisch. Am Eingange waren einige Steine in Form eines Herdes zusammengefügt; einige Geschirre standen daneben. Hemma zündete ein Feuer an und bereitete auf die einfachste Weise die Fische zu. Kuno ließ sich auf die Bank nieder, stützte seinen Arm aus den Tisch, sein Haupt in die Hand, – trübe Gedanken zogen die Furchen seiner Stirn tiefer und die Linien um seinen Mund zuckten schmerzlich.

»Ihr Leben ist verloren! Arme Hemma!«, seufzte er leise. »Einst so schön und glücklich – und jetzt – –«, ein paar große Tränen perlten in seinen Augen, rollten über seine Wangen und fielen auf den Tisch. »Weine ich? Ich, der lustige Spielmann?«, rief er bitter und schüttelte sich und sprang auf und wollte aus der Hütte. Doch Hemma stand an ihrem Eingang und hielt ihm auf hölzernem Teller den Morgenimbiss entgegen. »Komm«, sagte sie sanft, »komm Kuno, wir haben lange nicht an einem Tische zusammengesessen.«

»Und nie an einem solchen«, murmelte er bitter, doch folgte er ihr, – allein keines berührte die Speise. Sie hielten sich die Hände, sie sahen sich schweigend in die Augen, auf die veränderten Gestalten – und an eine ganze lange Geschichte von Glück und Freude, von Graus und Schmerz schienen Blick und Händedruck, Lächeln und Tränen sie zu mahnen. Hemma neigte sich an des Bruders Brust, – er drückte ihr bleiches Haupt fest an sein Herz und küsste die dunklen Flechten, die es umkränzten. Er löste sie los und sie fielen lang und seidenweich als prächtiger Schmuck über die arme Kleidung.

»Diese langen, schönen Haare sollen unter heiliger Schere fallen«, sagte er in einem Anfluge bitteren Humors. »Meine Locken hat die Schande gekürzt. Sie deckt nun die Kappe mit der Pfauenfeder; – dein Haupt, Hemma, wird ein heiliger Schleier umhüllen und sich andächtig darunter neigen ein Leben lang; – ich werde indessen lustige Weisen aufspielen, dass die Armen sich ihres Lebens freuen und lachen und tanzen. Du wirst Buße tun und dich kasteien, den Himmel zu erringen und wirst flehen für das Seelenheil anderer. Alles doch nur, um aus einem gebrochenen, zerstörten Lebensgeschick immer noch etwas zu retten für sich und andere. – Egoist und Menschenfreund – bald das eine, bald das andere mehr, wie der Würfel fällt, ob nun in Gestalt einer Himmelsbraut oder eines fahrenden Spielmanns. Auf, Hemma!«, fuhr er, in wilde Lustigkeit übergehend, fort. »Willst du durchaus Nonne werden, so geh hin und leb' in stiller Zelle den Erinnerungen an schöne und glückliche Tage, denn das Gedächtnis bannt auch kein

Gebet und lebe hoffnungsfreudig dem Tode entgegen, er öffnet dir ja den Himmel. – Ich wandere so lang mein Fuß mich trägt von Ort zu Ort, von Land zu Land, die Fidel in der Hand, mit bunten Fetzen angetan, ein vogelfreier Spielmann – ein Lump – rastlos, – ehrlos – einsam inmitten des dichtesten Menschengewühls – schlechter als der Klopffechter, dessen Leben kaum dem Glanz des Schildes in der Sonne gleich steht und der ihn dennoch ungestraft um Geld erschlagen darf. Aber der Spielmann ist doch lustig, immer lustig, denn die armen Leute tanzen zu seiner Fidel. Das kleine Instrument macht sie springen über ihr Elend hinweg und wenn sie lustig und guter Dinge sind, hören sie auch auf des Spielmanns Worte und seine Lieder, denn von dem was er spricht und singt, liegt der Same in ihrer Brust – er keimt, geht auf – er wächst – – – he, hollah, bleiche Schwester, freut dich dies nicht? Du solltest mit dem Spielmann ziehen und seine Lieder singen, statt der Hora und der Messe. Du einfältig Kind willst Nonne werden. Geh hin, fromme Seele, der Bruder Spielmann ist für dich verloren wie die Welt – denn sie beide passen sich zum Beten und Kasteien nicht.«

»Kuno, Bruder, o Gott, du hast allem Glauben entsagt! Bist wohl gar ein Hussit geworden?«, stammelte Hemma entsetzt und umfasste ihn krampfhaft.

»Ach, was Hussit? Ich bin nicht Hussit, nicht Papist, nicht Christ noch Heide; – ein fahrender Spielmann bin ich – weiter nichts – ein freier Vogel, auf den jeder zielen kann und lachen, wenn er ihn trifft, – aber, sei ruhig, Hemma – noch ist der Schütze nicht da, der den freien Vogel Kuno fängt. Seine Fidel ist sein Talisman und seine Lieder und Mähren sind sein Schild. Munter, munter, bleiche Schwester – weine nicht! Was nützen Tränen und flösse damit das Herzblut hin! – Sei lustig, Mädchen, die wenigen Stunden noch, die wir beisammen sind. Der morgige Tag findet mich fern von hier, – und kehre ich wieder, bist du im Kloster und die Klosterpforten, hinter welche du dein gebrochenes Leben flüchtest, öffnet die Fidel des fahrenden Spielmanns nicht. Lache, Hemma, lache so lange wir noch die Hände uns drücken, in die Augen uns schauen, – die Stunden fliehen pfeilschnell dahin. Lache, bleiches Kind, lache und tanze, sage ich dir; fort mit der traurigen Miene, – der Spielmann spielt dir seine lustigen Weisen auf.«

Er griff zur Fidel und wilde Melodien schallten durch den ärmlichen Raum, dämonischen Tönen gleich. Hemma taumelte, suchte sich am Tische zu halten, doch vergebens – in wirren Kreisen drehte sich alles vor ihren brechenden Augen und sie drehte sich mit, ein-, zweimal, dann sank sie bewusstlos auf ihr Lager nieder.

Kuno warf seine Fidel hinweg; – der wilde Geist, der in ihm getobt, entfloh vor dem totenähnlichen Antlitz seiner Schwester und jammernd stürzte er vor ihrem Lager nieder und flehte:

»O, höre nicht auf zu schlagen, geliebtes Schwesterherz, und vergib!«

Er presste Hemmas kalte Hände an seine brennenden Augen, an seine bang klopfende Brust, bedeckte ihr Antlitz mit Küssen und Tränen und gab ihr die zärtlichsten Liebesnamen.

Unbemerkt von ihm hatten sich unterdessen zwei Personen am Eingang der Hütte eingefunden und sahen erstaunt diese Szene mit an.

»Wer seid Ihr?«, fragte nach einer kurzen Weile die sonore Stimme eines jungen Mannes und: »Ist Hemma krank?«, setzte der silberhelle Ton eines zarten Mädchens hinzu.

Kuno hörte nicht darauf. Nur mit seiner Angst und seinem Leid um Hemma beschäftigt, achtete er der Stimmen nicht – doch Hemma schlug bei ihrem Klange die Augen wieder auf und richtete sich langsam in die Höhe; sie zeigte nach dem Eingang der Hütte und faltete bittend ihre Hände. Jetzt sah auch Kuno dahin. Ein Jüngling von edlem, ernstem Angesicht und hoher, schlanker Gestalt stand dort und hielt ein Mädchen an der Hand, das kaum dem kindlichen Alter entwachsen war. Sie sah so duftig und rosig aus wie die lieblichste Maiblüte und ihr Auge war so mild und tiefblau wie der Frühlingshimmel über ihr und der Scheitel, der ihre zarten Schläfen umsäumte, glänzte so golden wie Aurora in den schönsten Sommertagen. Sie trat näher heran, doch immer die Hand des Jünglings fest haltend und sah bald auf die bleiche Hemma, bald auf den sonderbaren Mann an ihrer Seite.

»Es ist mein Bruder«, erklärte Hemma mit Anstrengung sprechend. »Er fand mich gestern hier im Garten, – wir sahen uns seit sechs Jahren nicht mehr.«

»Wer seid Ihr und woher kommt Ihr?«, fragte das rosige Kind den fahrenden Spielmann.

Er zögerte mit der Antwort, endlich lautete sie:

»Wenn Engel um mein Geschick mich befragen, fehlt mir die Kunde davon.«

Die rosigen Wangen des Mädchens wurden noch rosiger und halb erzürnt, halb verächtlich wandte sie sich von dem sonderbaren Mann ab und fragte Hemma, ob sie aufs neue erkrankt sei. Diese verneinte es und sagte, dass die unerwartete Ankunft ihres Bruders sie erschüttert und der baldige Abschied, denn er wolle morgen schon wieder scheiden, sie so tief betrübe, dass sie weinend ihr Lager gesucht.

»Du bist ein fahrender Spielmann?«, wandte sich der Jüngling, welcher Kuno aufmerksam betrachtet hatte, an diesen. »Wie kamst du zu solchem Gewerbe, dem der Blick deines Auges widerspricht?«

»Wenn auch von der öffentlichen Meinung geächtet, edler Junkherr, hat des fahrenden Spielmanns Leben doch ein Gut, das dem Euren fehlt: die Freiheit«, erwiderte Kuno langsam und mit Nachdruck. »Vogelfrei bezeichnet mich die Welt – frei wie ein Vogel ziehe ich von Ort zu Ort, von Land zu Land, nach Süd und Nord, nach Ost und West – immer singend, musizierend und lustig den Becher leerend, verachtet und doch willkommen, gemieden und doch gesucht, der fahrende Spielmann mit der Fidel und der Pfauenfeder, den bunten Lappen und dem kurz geschorenen Haare.«

»Du scheinst mehr zu wissen, als die Fidel aufzuspielen«, erwiderte der Junkherr. »Hast wohl viele Länder schon gesehen und verstehst ihre Sprache?«

»Ja, edler Junkherr, so ist's. Ich war in Böhmen und habe den Hus predigen gehört, ehe er mit des Kaisers Geleitsbrief nach Konstanz zog, und war mit meiner Fidel auch dort, als es rund um ihn aufflammte und er sein Todeslied sang. Ich spielte in den Schenken weit draußen vor der Stadt, denn drinnen und rund umher war's voll von Rittern und Reisigen, von Herren und Grafen, von geharnischten Bischöfen, bunten Prälaten und dunklen Mönchen. Die Luft roch nach Weihrauch und die Häuser strotzten von Gold und Silber und seidenen Gewändern. Da war kein Platz für den fahrenden Spielmann. Drüben überm See spielte er aus, als des Scheiterhaufens Glut in seinen Wellen sich spiegelte, aber da lockten auch seine lustigsten Weisen nicht zum Tanze. Nachher jedoch gab's Turniere und Feste, der Feuerschein erlosch schnell in dem See und die Leute tanzten wieder zu meiner Fidel. Als jedoch der zweite Scheiterhaufen aufflammte der den treuen Hieronymus verzehrte, da wanderte ich weiter, – mein Magen wollte das nicht verdauen und ich zog fort mehr nach Süden, nach Italien, und besah mir den Glanz der Städte, die Lorbeerhaine und die Orangenblüten und hörte die Gesänge der welschen Minstrels. Was sollte der deutsche Spielmann weiter dort, – es zog ihn wieder nordwärts durch die Alpentäler und über die ewigen Gletscher; dabei freute er sich der freien Schweizer, die seine Sprache verstanden. Dann wanderte ich den Rhein auf und ab und betrat den flachen Boden Hollands, seine reichen Städte, seine propren Dörfer und grünen Weiden und lernte kennen, was der Fleiß vermag. Aber den fahrenden Spielmann duldete es auch dort nicht lange – findet er doch nirgends eine Heimat – auch nicht im Schoße des eigenen Vaterlandes. Was ich am schmerzhaftesten vermisste, suchte, dieses bleiche Leben – ich fand es gestern hier, hinwelkend unter Blütenbäumen – auf den Lippen den ewigen Abschiedskuss für mich.«

»Weshalb den ewigen Abschiedskuss?«, fiel das rosige Kind lebhaft ein und sah teilnehmend auf Hemma und ihren Bruder. »Die Arme wird wieder gesunden unter dem Einfluss der warmen Frühlingssonne und wenn Ihr einmal wiederkehrt, werdet Ihr Euch darüber erfreuen können.«

»Ja, wenn Ihr sie fest bei Euch halten wolltet, edles Fräulein – fest halten könntet, ja denn vielleicht.«

»Wir werden für sie sorgen. Seid ruhig deshalb. Haben wir doch längst erkannt – das heißt eigentlich erst, seit Ahne Else und Ohm Johann bei uns weilen – dass sie nicht ist, was sie scheint, und ihre Vergangenheit glücklichere Tage geschaut hat.«

Der Spielmann warf einen warmen, dankenden Blick auf das freundliche, rosige Kind, dann nahm er Hemmas Hand und bat:

»Bleib hier in dieser kleinen Hütte. Seit ich den Engel schaue, der sie umschwebt, wird sie mir zum sicheren Hort für dich.«

Doch Hemma schüttelte ihr bleiches Haupt, ihre Hände falteten sich, ihr dunkler Blick flammte aufwärts und sie sprach mit gehobener Stimme:

»Wehrt mir nicht! – Darf das arme, gebrochene Herz auf den Altar des himmlischen Bräutigams sich niederlegen, o so gönnt ihm diese heilige Freude; gönnt mir das stille Asyl, das mich von der Welt scheidet, von ihren Blütendüften, von ihrem ewig wiederkehrenden Grün – das dahingegangene Freuden und Wünsche immer und immer wieder mit neuem täuschendem Hoffnungsschimmer umgeben will und sie nicht zur Ruhe kommen lässt in ihrem Grabe, dass sie gleich bleichen Gespenstern in der Seele wandeln und fort und fort sie erfüllen mit Sehnsucht, Ach und Weh und dem Grauen ihrer haltlosen Gestalt.«

Hemma sank nach diesen Worten erschöpft auf das Lager zurück und schloss ihre Augen. Sie schien zu entschlummern.

Das rosige Mädchen verließ mit ihrem Begleiter die düstere Hütte und ging mit ihm durch die Baumpflanzung. Die Blütenzweige neigten sich tief vor der schönsten Frühlingsblume, die unter ihnen hinging und schütteten, sie begrüßend, ihre weißen, duftigen Blätter auf ihr sonniges Haupt.

»Welch' schweres Geheimnis schwebt wohl über dem Leben dieses Geschwisterpaares?«, sagte der junge Mann zu seiner lieblichen Gefährtin. »Denn ebenso wenig wie sie zu niederem Dienste geboren, ist er es zum fahrenden Spielmann. Ich möchte ihn wohl bei mir haben auf meiner Wanderung in die Welt.«

»Er scheint viel gesehen und erfahren zu haben«, meinte das Mädchen. »Und wenn du wirklich fort willst, Ohm Johann, wäre es vielleicht von Vorteil für dich, ihn zum Diener anzunehmen. Das wäre auch für ihn ein viel besseres Los, als fahrender Spielmann zu sein.«

»Er wird nimmer seine bunten Lappen mit der Tracht eines Knechtes, nimmer sein freies Leben, so ehrlos es auch bezeichnet wird, mit einem gebundenen vertauschen wollen«, erwiderte Johann. »Nur als Gefährte, als

Begleiter würde er mit mir ziehen, so will es mir sein ganzes Wesen bekunden.«

»Ein fahrender Spielmann dein Gefährte? Du, ein Junkherr aus edlem Hause, in solcher Gesellschaft?«, fragte das rosige Fräulein etwas erschrocken.

»Ist er, was sein Auge verheißt, möchte ich trotz der Pfauenfeder auf seiner Kappe mit ihm ziehen«, meinte der Junkherr. »Und da ich in die Fremde wandern muss – da es mich nicht länger hier duldet, finde ich vielleicht nie eine bessere Geleitschaft. Ich werde mit ihm darüber sprechen und da es ja doch geschieden sein muss, liebe Catharine, ist's besser, ich zögere nicht länger damit.«

»Wie? Und du willst vielleicht gar morgen schon uns verlassen?«, fragte sie und ihre rosige Wange erbleichte.

»Alles ist bereit zur Wanderung, wie du weißt«, fuhr er sanft fort. »Die gute Mutter und Pater Martin sind mit uns im Bunde. Auch du, holdes Kind, hast ja längst erkannt und verstanden, was mich forttreibt aus dem väterlichen Hause. Dein reiner kindlicher Blick hat mit mir in die Zukunft geschaut, wie in die Tiefen meiner Seele, – und was Hohes und Großes seit meiner Kindheit mir vorgeschwebt, hast du lichten helfen mit prophetischen Worten. Es treibt mich fort von der Stätte, wo man gewaltsam bannen will, was Gott in meine Seele gelegt, wo Vater und Bruder und Verwandte dagegen streiten und in dem jungen Sprossen des Hauses nur ein unwürdiges Reis auf dem Stammbaum der Gensfleisch und Gutenberg erblicken. Dein Herz und der Mutter Liebe und des Paters Güte erkannten es besser. Dein jugendlich frischer, reiner Sinn hat sich meinen Ideen erschlossen und sie hinwiederum geläutert und gestärkt durch den tiefen Blick deiner Seele, der prophetisch in die Ferne dringt. – Um zum Ziele zu gelangen, muss geschieden sein, wohl auf lange Zeit, – denn Jahre können hingehen, bis ich klar erfasse, wie der große Gedanke lebendig werden soll. Ist erst der Anfang erreicht, sei gewiss teures Kind, dein Auge wird darauf schauen; – das erste vollendete Werk werde dein Eigentum.« –

»Deine Werke, dein Schaffen willst du mir weihen«, erwiderte sie, »doch du selbst entfliehst, willst von deiner kleinen Base scheiden, du böser, lieber Ohm, den ich mehr liebe als mein Leben – ja, dem ich mein ganzes Sein hingeben möchte, wie eine demütige Magd, ganz zu eigen, in namenloser Treue.«

Katharine sprach dies Geständnis offen, unbefangen, im Tone höchster Unschuld aus, allein wie sie sich dabei an den jugendlichen Oheim, der ihr als Bruder ihres Vaters eine geheiligte Person war, anschmiegte, sein Arm sie umfasste und sein Herzschlag sie durchdrang, da überkam sie eine unaussprechlich süße Befangenheit und ihre ganze Gestalt erbebte unter den Wonneschauern erster Liebe. Ihr Auge schloss sich, die Welt entschwand ihr. Der Oheim, den die Gesetze der Kirche wie die damaligen Lebensanschauungen den heißen Empfindungen ihres jungen Herzens unerreichbar ferne stellten, wurde ihr zum Geliebten und leise hauchte ihr rosiger Mund:

»Ich bin im Himmel an deinem Herzen!«

Johann hielt die selig Träumende in seinen Armen, – er küsste ihre reine Stirne und strich liebreich über ihr goldenes Haar. – Da schlug sie das blaue Auge groß auf, sah ihn tief und innig an, – doch plötzlich, wie von hellschimmernder Höhe in den dunklen Schatten eines tiefen Tales geschleudert, malte sich jähes Entsetzen in ihren Zügen. Sie entriss sich Johanns Arm und bedeckte das erbleichende Antlitz mit den Händen und weinte, weinte in heißem Tränenstrome den heftigsten Schmerz eines reinen, glühenden Herzens, das in seiner Liebe, seiner höchsten, seligsten Empfindung, eine Sünde erkannt hat

93

Johann suchte die Weinende zu erheitern, er ahnte, was das Herz des schönen Mädchens bewege und mit viel Selbstüberwindung für sein jugendliches Alter, gebot er dem seinen, zu schweigen und bat sie mit lieben Worten, ihm das Scheiden nicht so schwer zu machen und an eine frohe, schöne Zukunft zu denken, die ihrem Leben nimmer fehlen könne. Sie erwiderte nichts hierauf und bat ihn nach einer Weile, sie jetzt zu verlassen.

Er ging in die Hütte, wo Hemma in unruhigem Schlummer lag und wirre Worte sprach. Der Spielmann saß gesenkten Hauptes neben ihr und schien schlummerlos noch schwerer zu träumen als sie. Johann trat zu ihm, legte die Hand auf seine Schulter und sprach leise:

»Ermuntere dich, lustiger Spielmann, komm, setze dich zu mir auf jene Bank, dass wir die Schlafende nicht erwecken. Ich habe dir einen Vorschlag zu machen. Wir wollen eine Weile zusammen wandern, wenn ich dir gefalle wie du mir. Komm, lass uns darüber beraten.«

Sie sprachen wohl eine Stunde und noch länger leise und eifrig miteinander und als sie sich trennten, gaben sie sich die Hände und Johann sagte:

»Also auf morgen mit dem ersten Tagesgrauen unterhalb der Stadt, am Ufer des Rheins zur frohen Fahrt in die Welt!«

»Es sei so«, gab der Spielmann zur Antwort, dann ließ er sich wieder neben Hemmas Lager nieder, die jetzt ruhig dalag, von einem erquicklicheren Schlummer umfangen.

6

Zu den Füßen der Frau Else lag ihr junger Sohn, ihr teuerstes Kind, das Kleinod ihres Herzens und flehte um den mütterlichen Abschiedskuss und Segen. Pater Martin stand daneben, eine Träne um die andere auf der gefurchten Wange trocknend, damit sie nicht herabträufle und das jugendliche Haupt seines Zöglings schmerzlich berühre.

»Ziehe mit Gott, mein Sohn«, sprach die Mutter mit mühsam errungener Festigkeit. »Der Geist, der dich auf andere Bahnen lenkt, als dein Vater dir bestimmte, kündet mir seine höhere Abkunft in deinem Auge. Er mag bitten für mich bei dem himmlischen Richter, dass es nicht allzu schwer in mein Schuldbuch eingetragen werde, was ich gegen den Willen meines Eheherrn gut geheißen.« Sie beugte sich zu dem knienden Sohne hernieder und küsste mit langem innigen Kuss sein liebes Haupt, dann fuhr sie in tiefer Bewegung fort: »Du verließest die Heimat ohne des Vaters Segen und Abschiedskuss – nimm beides denn von deiner Mutter doppelt, dreifach, nein, hundertfach. Ihre Liebe geleite dich mit dem Schutzengel, den der allgütige Vater dort oben dir mit auf den Weg geben wird, – er bleibe dir so treu zur Seite wie sie – dann bist du wohl gehütet, mein Kind.« Tränen hemmten ihre Stimme, doch schnell sich wieder fassend, sprach sie weiter: »Was in deinem Sinne steht, was du vorhast und anzustreben gedenkst, mein schlichter Verstand fasst es nicht – doch in meinem Gemüte hat der Glaube feste Wurzel geschlagen, dass es gut sein muss, weil es deine Seele erfüllte von früher Kindheit an und fest darin haften blieb und sie so reich begnadigt ist von Gott, mit hohem Geist und edlem Sinne, mit christlicher Demut und Milde. Nicht die Mutter allein erkennt dieses, nicht ihr parteiisches Herz nur spricht es aus; – wer dein stilles, ernstes Wesen durchschaut, mein braver Johannes, weiß es nicht anders und bestätigt es denn nicht auch der alte, treue Freund unseres Hauses, dein frommer, redlicher Lehrer und wiederholt nicht selbst Katharinas reine, kindliche Seele in prophetischen Träumen, was einst deine alte Ahne sterbend an deiner Wiege verkündet: Ein Licht strahle von dir aus, das weithin Helle verbreite. Sünde wäre, es verlöschen zu wollen, denn was Sterbende und Kinder sagen, ist das Orakel göttlicher Eingebung. Drum ziehe hin, mein Sohn, wohin dein Geist dich treibt – ich halte dich nicht länger zurück.«

»Ja, folge mutig deiner inneren Stimme!«, klang es Elsens Worten wie in Geisterlauten nach.

Sie kamen aus Katharinens Mund, welche leise herzugetreten war und weiß und zart, gleich einer Lilie neben der dunklen, gebeugten Gestalt des alten Martins stand. Sie erschien größer als heute Morgen, so gerade und fest hielt sie ihren schlanken Leib empor; doch wie die Rosen auf ihren Wangen erblasst, war auch der Glanz ihres Auges umflort, ihre elastischen Bewegungen verschwunden und ihre liebliche, silberhelle Stimme klang tief und ernst:

»Wandre von Ort zu Ort, von Land zu Land und lerne und prüfe, was dir frommt zu dem Ziele, das dir vorschwebt. Aus kleinen Dingen leuchtet oft plötzlich das wahre Verständnis von dem aus, nach welchem der Geist jahrelang vergebens geforscht. Kleine, schmale Wege führen auf die Gipfel der Berge, mühsam ist ihr Erklimmen, doch der Lohn: ein weiter klarer Blick in die Ferne und hernieder auf der Menschen Tun und ihre Werke. Moses vernahm Gottes Gebote auf der Spitze eines Berges; –

findest du den Weg zu dem Gipfel des Sinai, der deinem Geiste vorschwebt, wird Gottes Wort, die Heilige Schrift in ihrer ganzen Fülle allen darnach Verlangenden offen stehen. Drum ziehe hin, mein Freund – und nun – lebe wohl: Katharina betet für dich, so lange sie atmet.«

Sie beugte sich zu ihm nieder, der an ihr aufsah, wie zu einer Heiligen und berührte leicht mit ihren feinen Lippen seine hohe Stirn und flüsterte bange: »Horch, horch, die Lerche und die Nachtigall, sie rufen schon, sie rufen dich von hinnen – der Tag graut – leb wohl, mein Freund«, dann sank sie zurück, kalt, starr, in Martins Arme, der in liebreicher Sorge sie zu beleben versuchte; doch nur leise Atemzüge hoben ihre Brust, ihr Auge blieb geschlossen. Johann drückte in heftigem Schmerze ihre erkalteten Hände an seine Lippen, seine heißen Tränen und flehte:

»Erwache, teures Kind! Blicke nur noch einmal auf mich!«

»Erwecke sie nicht«, mahnte Martin. »Gehe jetzt und gedenke ihrer als einer Heiligen!«

»Als einer Heiligen, frommer Freund, als einer Heiligen für Zeit und Ewigkeit!«, gelobte Johann mit einem Anfluge von Schwärmerei und warf noch einen langen, tiefen Blick auf die Bewusstlose, drückte dann Martins Hand, schmiegte sich noch einen Moment an das Mutterherz und war – verschwunden.

In einem kleinen Nachen, der einige hundert Schritte unterhalb Eltville am Ufer befestigt lag, sprang bei dem ersten Morgengrauen der fahrende Spielmann mit keckem Satze hinein. Er fand bereits zwei Personen in dem kleinen Fahrzeuge, einen alten Mann mit grauen Haaren, doch von noch rüstigem Aussehen und einen kaum dem Knabenalter entwachsenen Burschen, der an der Ruderbank saß und fröhlich mit den erwachenden Vögeln um die Wette pfiff. Auf dem Boden des Kahns lagen allerlei Gegenstände, einige sorgfältig zusammengeschnürte Pakete, verschiedene Kleidungsstücke, Esswaren und ein kleines Fässchen nebst Humpen und Becher dabei.

»Gut gesorgt!«, sagte der Spielmann darauf hindeutend. »Kommt, Alter, lasst uns eins trinken, bis der Junkherr zur Abfahrt naht.«

Der Junge am Ruder stellte bei diesem Vorschlage sein Pfeifen ein und spitzte nach minder musikalischen Genüssen den Mund, doch der Alte schüttelte sein greises Haupt und wehrte:

»Bei Leibe nicht. Es ist anvertrautes Gut – über das der edle Junkherr, wenn er kommt, verfügen mag.«

»Bist eine ehrliche Haut, Alter, vorausgesetzt, dass es dir Ernst mit deinen Worten ist«, erwiderte der Spielmann lachend. »Ich möchte übrigens auf eine lange Standhaftigkeit von deiner Seite nicht schwören in der Nähe solch verführerischen Inhaltes, als in diesem Fässchen sitzt.«

»Wein ist des Rheingauers Blut«, gab der Alte zur Antwort, »sein Lebenssaft, das ist wahr – und der Herr bewahre mich vor allzu großer Versuchung.«

»Ich hätte Lust, den Satan zu spielen, Alter, und dir den gefüllten Humpen unter die Nase zu halten.«

»Tut das nicht, Herr oder Lump, was Ihr seid, denn ich sehe bei dem heller werdenden Himmel, dass Ihr nicht recht wie der eine noch der andere ausseht. Seid Ihr denn wirklich die Geleitschaft des edlen Junkherrn?«

»Zu dienen, graues Haupt. Und dass du siehst, welch’ unterhaltende Geleitschaft ich bin, will ich dir gleich eine Probe davon geben.«

Damit ergriff er seine Fidel und spielte einen Tanz auf, – doch wie ohne seinen Willen ging die lustige Weise bald in eine wehmütige über.

Kuno sah die Gipfel der Bäume von der Morgenröte geküsst, in deren Schatten Hemmas ärmliche Hütte stand.

Aus dem dunklen Tore der Stadt trat jetzt Johanns Gestalt hervor und nahte sich rasch dem Kahne.

»Der Junkherr kommt«, rief der junge Schiffer und griff fröhlich zum Ruder. Auch Kunos Melodie sprang bei diesem Rufe wieder in eine heitere um und er sang einen lustigen Willkommensgruß dem Ankömmling entgegen.

Johanns Schritt war fest, sein Haupt hoch emporgerichtet, sein Auge den Lichtungen des Himmels zugewandt, als wolle er sie durchdringen. Er sah stattlich aus in dem weiten Mantelrock von schönem Faltenwurfe, die goldene Kette darüber, das Schwert an der Seite als Zeichen seiner edlen Abkunft; sein leichtes Barett mit der schwankenden Feder passte gar schön zu seinem jugendlichen Alter, das seine ernste, nachdenkende Miene verleugnen wollte. Der rasche Gang und der leichte Morgenwind bewegten die langen lichtbraunen Locken, dass sie anmutig des Jünglings Nacken umwallten. Mit freundlichem Willkomm bestieg er den Kahn, den Lorenz, der junge Schiffer, mit einem Rucke vom Ufer löste und hinaus in die grünlichen Fluten trieb.

»Wir steuern Euch bis gen Rüdesheim«, sagte der Alte zu Johann, als dieser sich unweit von ihm niedergelassen. »So hat's Eure Frau Mutter bestimmt. Weiter abwärts kann auch ein so leichtes Fahrzeug nicht wohl kommen, absonderlich wenn's kein Rüdesheimer Steuermann lenkt. Wir da oben, wir Eltviller, halten uns von den wilden Gewässern ferne, die zwischen den Bergen und Felsen ihr Wesen treiben; – unser Reich ist in der sonnigen Ebene; da, wo der Schatten der Berge das helle Wasser verdunkelt, kehrt der Eltviller Schiffer wieder nach der Heimat um. Aber seid deshalb unbesorgt, ich kenne die besten Steuerleute zu Rüdesheim und werde Eure Habseligkeiten in ein Schifflein bringen, das sie und Euch sicher durch alle Gefahren führt, verlasst Euch ganz darin auf den alten Beildeck – hab's auch Eurer Frau Mutter hoch und heilig gelobt, zu sorgen, als wäret Ihr mein eigen Kind oder mein Enkel da, der Lorenz.«

»Daran hast du wohlgetan, Ähne«, rief der Bube vom Ruderplatze her und griff noch kräftiger aus, »denn dein Enkelsohn, der Lorenz, wird auch auf dem Schifflein sein, das den edlen Junkherr weiter abwärts trägt.«

»Wie? Was?«, fragte der Alte, als habe er's nicht recht verstanden.

»Werd's dir zu Rüdesheim noch verdeutschen, Ähne. Euch, edler Junkherr, will ich einstweilen zu wissen tun, dass das schöne Fräulein aus Eurem Hause mich gedungen hat, als Diener Euch zu folgen. Sie hält große Stücke auf den Lorenz, der noch vor wenig Jahren ihr Spielkamerad und ihr bis dato stets in allem zu Willen war und somit, was sie jetzt von ihm verlangt, auch tun möchte und gerade jetzt am allerliebsten, denn offen herausgesagt, mich treibt's wie Euch, edler Junkherr, mehr zu schauen als nur immer den Rhein zwischen Eltville und Rüdesheim. Es ist wohl eine prächtige Fahrt das, aber ich möchte doch noch andres erleben, als hier immer auf- und abwärts rudern.«

»Da höre einer den frechen Buben!«, grollte der Alte. »Tut, als sei er schon ausgewachsen und stände auf eignen Füßen.«

»Das stehe ich auch«, rief Lorenz aufspringend und den Kahn in starken Schwingungen hin- und herschaukelnd, ohne selbst zu wanken und fuhr lachend dabei fort: »Bei meiner Seele, stehe ich nicht fest auf den eignen Beinen?«

»Bist ein Teufelsbub«, brummte der Alte schon halb besiegt. »Mit dir wird man nicht fertig. Vielleicht gelingt das schwere Stück Arbeit Euch, edler Junkherr, – und wollt Ihr's probieren, mag er Euch meinethalb' folgen; – doch bleibt nicht zu lange mit ihm aus, Herr, denn meine alten Augen verlangt's, ihn noch einmal zu sehen, ehe sie sich für immerdar schließen.«

100

»Wir sprechen noch darüber, Alter«, erwiderte Johann, überrascht durch Katharinens Sorge, welche den fahrenden Spielmann nicht für einen sehr zuverlässigen Gefährten halten mochte, und ihm in Lorenz einen treuen Sohn aus der Heimat mitgeben wollte.

»He, Junge, was werden aber die Wasserfräulein sagen, die seither mit dir geliebäugelt, wenn du sie treulos verließest?«, fragte der Spielmann.

Der muntere Ruderer lachte hell auf und sang statt der Antwort:

> *»Nixlein tanzt auf dem Rhein,*
> *Liebäugelt nur zum Schein*
> *Freundlich dem Schiffer zu.*
> *Doch der Schiffer denkt*
> *An seine Lieb' zu Haus'*
> *Und lacht das Nixlein aus.*
> *Ruder schlag zu, lustig zu, lustig zu!«*

Kuno, dem des Knaben Gesang gefiel, akkompagnierte ihn sogleich mit seinem Instrumente; – und als der Sonnenstrahl frische Prisen vor sich herjagend über die Wellen blitzte und hell das Schifflein beschien, glitt es gar leicht und fröhlich auf den grünen Wellen dahin.

Links und rechts an den Ufern des prächtigen Stromes erhoben sich getürmte Burgen, lagen ummauerte Ortschaften, blickten aus grünen Hainen Klostergebäude hervor.

»Wollen wir denn da überall vorbeifahren?«, fragte der Spielmann den ernst niederblickenden Johann. »Wär's nicht vernünftiger, wir legten da und dort an und besähen uns dies und das etwas genauer?«

»Das ist auch meine Absicht, Kuno«, erwiderte Johann. »Vor allem möchte ich jenes Kloster betreten, dessen Turm dort zwischen Rebenhügeln sichtbar wird. Pater Martin gab mir ein Empfehlungsschreiben an einen gelehrten Bruder dort mit, – doch Ihr werdet mich schwerlich dahin begleiten können, man wird Euch den Einlass wohl nicht gestatten.«

»Dem fahrenden Spielmanne sicherlich nicht, dem öffnen sich nur wenige fromme Klausen, aber Euren Diener wird man Euch folgen lassen und da es mich gelüstet, die berühmte Gastfreundschaft jener Abtei zu erproben, begleite ich Euch in dieser Eigenschaft dahin. Gebt nur Acht, ich komme bald damit zu Stande.«

Er öffnete eines der Pakete und stand in kurzer Frist verwandelt da.

»Eure Mutter und Hemma haben dafür Sorge getragen, dass wir stets gut nebeneinander hergehen können – oder ich doch drei Schritte hinter Euch«, erklärte er. »Freiwillig mache ich mich schon hin und wieder, in gemeinschaftlichem Interesse, zu Eurem Diener – sonst, das schwöre ich Euch, ist der fahrende Spielmann niemand untertan.«

Kunos Auge blickte bei diesen Worten trotzig aus. Inhaltschwere Erinnerungen schienen sich ihm plötzlich aufzudrängen; – seine schmalen Lippen pressten sich zusammen, als wolle er diese fest in sich verschließen, dennoch drang es aus seiner Brust hervor:

»Ich habe Tage geschaut, an denen ein Wink von mir mehr als einen Diener in Bewegung setzte.«

»Ihr seid mir ein werter Gefährte, welches Kleid Ihr auch tragen mögt«, sagte Johann und reichte ihm die Hand.

»Ihr vertraut dem fahrenden Spielmann, reicht dem Vogelfreien die Hand«, erwiderte dieser bewegt. »Dafür bleibt er Euch treu verbunden und seine Geleitschaft soll Euch Vorteil bringen. – Doch lassen wir das jetzt. Ich bin Euer Diener, wie Ihr seht, edler Junkherr, der Dienstmann gehorcht.«

»Das Schicksal hat Euch wohl recht übel mitgespielt, wie mir deucht?«, forschte Johann mit Teilnahme. Doch des Spielmanns Gesicht verfinsterte sich bei dieser Frage, die Furchen seiner Stirn zogen sich tiefer, um seinen Mund lagerte sich bitterer Hohn – und in herber Weise gab er zur Antwort:

»Fragt mich darum nie mehr, wenn unsere Genossenschaft nicht so schnell enden soll, als sie begonnen. Will ich Euch einmal da hinein schauen lassen, ziehe ich aus eigenem Antriebe den Vorhang auf – doch besser, es geschieht nie. – Zu was auch der Vergangenheit gedenken? – Die Gegenwart brachte uns zusammen – sie allein beschäftige uns, sie trage uns mit leichten Schwingen der Zukunft entgegen, sei diese hell oder dunkel. Fröhlich, Junkherr«, fuhr er aufgeregt fort, »lasst uns den Augenblick nützen – nur er allein bietet Genuss. Seht, welch' goldenes Spiel eben die Sonne mit den Wellen treibt, wie trunken von Lust die Vögel an der glänzenden Flut nippen und schäkernd mit ihr sich flüchtig vermählen und dort am nahen Ufer die Käfer lustig schwirren, die Schmetterlinge ihre Blumenfittiche schwingen, um die süßesten Blumen zu suchen und der junge Landmann sein rundes Weib umfasst, der Knabe mit den Mädchen kirrt. Ein Narr, der vergangenen Dingen nachgrübelt und um die Zukunft sich härmt. Die Gegenwart nütze er, sie allein gehört ihm. Was dahin ist, kehrt nicht wieder und was einst kommen wird, ist ein zweifelhaft' Ding. Meint Ihr nicht auch so, Junkherr Gutenberg?«

»Die Gegenwart hat keinen Wert, wenn sie nicht Vergangenheit und Zukunft in sich schließt«, erwiderte Johann und sein Auge hing sich forschend an seinen Gefährten.

»So sprecht Ihr und unternehmt träumerische Fahrten ins unbestimmte Blaue hinein?«, entgegnete der Spielmann. »Und greift nicht zum Schwerte an Eurer Seite und werft Euch nicht in den Kampf, der ebenso heiß um Vergangenheit und Zukunft ringt? Warum helft Ihr nicht dem

103

Kaiser sein Erbland Böhmen wieder erobern und die Ketzer und Rebellen morden?«

»Anderes steht in meinem Geiste«, erwiderte Johann, »mich schaudert vor Blut und rauchenden Trümmern und all dem Jammer in ihrem Gefolge, aus dem nimmer Gutes erwachsen kann.«

»Weshalb nicht?«, widersprach Kuno aufgeregt. »Aus Leichen und Trümmern schwang sich schon oft ein hellleuchtender Phönix empor. Hat nicht ein solcher auch über Hus Scheiterhaufen seine Fittiche geschwungen und sie dann über die Wohnungen der Menschen ausgebreitet. O, an vielen Orten hat man ihr Rauschen vernommen – und wer es einmal gehört, vergisst es nicht wieder.«

»Und Blut düngt den Boden statt des Landmanns Fleiß«, fiel Johann ein, »und leergebrannte Stätten sieht man in den öden Feldern – und Mütter jammern um ihre Kinder, die Braut um den Geliebten, der Gatte um sein Weib; alle heilige Bande zerreißen, denn der Fanatismus und die Herrschsucht ringen um den Sieg. Das Reine, das Göttliche geht unter in den Gräueln des Krieges; der Phönix versenkt in seine roten Wellen und Schauder ergreift die Menschheit. Nur einem Friedenswerke kann er in ruhiger Klarheit entsteigen, denn nur die geistige Fortentwicklung des Menschen bedingt seine leuchtende Kraft und nur sie allein kann die glückversprechende Übergangsbrücke werden, die der alten in eine neue, eine bessere Zeit den Weg bahnt. Noch fehlt der stützende Pfeiler, diese Brücke zu tragen. Ströme Blutes sind es nicht; – über sie hinweg muss sie sich erheben auf dem Fundamente des Friedens, der Arbeit und des Wissens. Diese vermittelnde Stütze muss noch gefunden werden und wie mich deucht liegt sie geheimnisvoll verborgen in der Kraft, die es vermöchte, Worte und Gedanken mit geflügelten Schwingen von Seele zu Seele, von Ort zu Ort, über Länder und Meere zu tragen, die den leiblichen Augen noch eine geistige Sehkraft verliehe, welche fähig wäre, die weitesten Fernen zu durchdringen, die ein schärferes Gehör dem Ohre gäbe, durch das die Weisheit aller Zeiten eindringen könnte und den Mund mit der Wundermacht begaben würde, eine weise Rede mit Blitzesschnelle in tausendfältiger Kunde zu verbreiten.«

Des jungen Gutenbergs Gestalt hob sich höher bei diesen Worten und sein braunes Auge flammte in hellem Glanze aufwärts. Doch wie er geendet, sank sein Haupt tief nach der Brust hinab und sein Blick verschleierte sich mit den langen dunklen Wimpern. Als er ihn wieder erhob, lag fromme Andacht darin und Vertrauen auf den Himmel, der eben in reinstem Blau sein heilig Zelt über ihn und die frühlingsheitere, hoffnungsgrüne Erde ausspannte.

Die Abtei, in welche Gutenberg einzukehren gedachte, trat jetzt deutlich am Abhange der Berge hervor. Kuno gab dem Schiffer einen Wink, an geeigneter Stelle zu landen und betrat gleich darauf mit Johann das Ufer. Sie gingen auf schmalen Feldwegen den Anhöhen zu, welche sich mit ihren Rebenpflanzungen sanft in die Ebene herabzogen und das Kloster Eberbach umgaben.

»Jene Abtei«, erzählte Johann darauf hindeutend, »ist das reichste und angesehenste Kloster weit und breit. Seine Besitzungen erstrecken sich bis gen Rom. Wenn einer seiner Bewohner die ewige Stadt besuchen will, kann er nach jedem Tagesmarsche im Eigentume seines Klosters übernachten. Seit seinem Bestande zeichnet sich übrigens auch diese fromme Stiftung durch eine vortreffliche Ökonomie aus, welche segenbringend auf das ganze Rheingau einwirkte. In früherer Zeit handhaben die Mönche selbst Spaten und Hacke, sie rotteten die Wälder aus, pflanzten an ihre Stelle edle Reben und beförderten den Ackerbau und die Industrie auf alle Weise. Durch Einführung neuer Fruchtsorten wie durch Anlegung von Wasserleitungen zum Betrieb von Mühlen und Fabriken, brachten sie Fortschritt und reges Leben in diese Kulturzweige. Die Bauern und Dienstleute von Eberbach leben alle im Wohlstande, während die Armen Unterstützung in der reichen Abtei, die Vorübergehenden gastliche Aufnahme, die Kranken, selbst die Aussätzigen, vor denen jedermann flieht, in einem Hospitale Unterkommen und Pflege finden. In neuerer Zeit haben nun die Mönche Hacke und Spaten in andere Hände gelegt und dafür zu Buch und Feder gegriffen. Sie wenden sich jetzt mehr der Gelehrsamkeit zu und behaglichen Genüssen, die ihnen aus der weisen Verwendung ihrer Reichtümer entspringen. Ihr Leben ist ein geordnetes und steht in jeder Beziehung weit über dem der meisten Klöster des Rheingaues und noch gar vieler anderen.«

»Die feurigen Weine ihres Kellers werden sie schadlos halten für Freuden, wie sie andern ähnlichen Stiftungen zu Teil werden und wie sie besonders ihr Nachbarkloster, der schöne Johannisberg, seit Jahrhunderten besaß und noch besitzt«, entgegnete der Spielmann ironisch.

»Ihr meint die Doppelklöster?«, sagte Johann.

»Ja, die haben der Welt schon viel Ärgernis gegeben, doch werden sie meistens nach kurzem Bestande wieder aufgehoben, wie zu St. Alban und Jakob in Mainz, wie bei vielen Klöstern im Rheingau und selbst vor noch nicht langer Zeit im Kloster St. Johannes, dort oben auf jenem prächtigen Rebenhügel am Rhein.«

»Allerdings«, lachte Kuno, »hat der vorige Erzbischof für nötig befunden, nach langem, hundertjährigen Bestande das gemeinschaftliche Zusammenwohnen der Brüder und Schwestern von St. Johann unter einem und demselben Dache aufzuheben und für die letzteren eine stille, einsame Klause am Fuße des Berges zu erbauen. Dort seufzen sie nun, die armen, von ihren Brüdern getrennten Schwestern, die fürder nur beten und mit dem Himmel sich befassen sollen. Aber ich könnte Euch eine Geschichte erzählen, Junkherr – ich, der fahrende Spielmann – wie nachts Gespenster in dem dunklen, einsamen Hause aus- und einwandeln trotz Schloss und Riegel und wie es dann drinnen hell und lebendig wird, Kapuzen und Schleier fallen, des Spielmanns lustige Weisen ertönen und – und –«, fuhr er in wilder Aufregung fort, »dunkle Augen aus dunklen Schleiern mitten in dem Lichtergefunkel und Bechergeklirre wie eine geheimnisvolle Nacht voll schaurig süßer Träume ihn anschauen, wie ein Schmerz, der dem seinen gleicht – ein untergegangenes Leben ringend mit den finsteren Dämonen, die es vernichten. Ich sage Euch, Junkherr, in jener frommen Klause lacht die Hölle. Ich habe sie dort jauchzen gehört – und auch Ihr sollt es hören, wenn es Euch darnach gelüstet. Wollt Ihr mich zu dem Teufelsspuk in heiligen Mauern begleiten, so seid des Spielmanns Gefährte, wie er jetzt zum Besuche jenes gepriesenen Klosters als Diener Euch folgt.«

»Nimmermehr bin ich Euer Begleiter auf solchen Wegen«, erwiderte Johann mit Abscheu. »Auch Ihr solltet sie meiden, Kuno. Sie bringen Euch den inneren Frieden nicht, der, wie ich fürchte, Euch mangelt.«

»Und der dahin ist für alle Zeit«, lachte Kuno wild auf. »Wo wäre der Ort zu finden, der dem Vogelfreien zum Friedensport würde! Ein unstetes Leben ist sein Los – er jagt sich müde, er lacht und weint, er flucht und betet, wie's der Augenblick mit sich bringt; – nur eines steht ihm darüber – eines, Junkherr, und dies eine, so weit auch unsere Wege auseinandergehen, bewegt Eure Brust wie die meine, wenngleich in anderer Weise. – Doch wohin verliert sich der fahrende Spielmann, Euer Diener jetzt, edler Junkherr! Lustig voran, zum Besuche der gastlichen Abtei. Seht, ihre Tore öffnen sich schon. Schreitet voran, Herr Gensfleisch zum Gutenberg, – Euer Diener Kuno folgt Euch bescheidentlich nach.«

Johann wurde in der Abtei freundlich begrüßt und nach den oberen Räumen geleitet, während sein Diener einen Platz in einer unteren Halle angewiesen erhielt. Es war kühl und lustig hier und bald fanden sich noch andere Gäste ein. Kunos fröhlicher Humor, der bei einem Becher guten Weins erwachte, lockte sie an seinen Tisch und bald gesellten sich auch einige Klosterbrüder hinzu. Küche und Kellermeister spendeten reichliche Gaben, besonders schien dem letzteren der lustige Diener zu gefallen. Er ließ sich neben Kuno nieder und jede frische Füllung des Humpens brachte den Gästen feurigeren Wein.

»Ihr seid ein wahrer Wundermann, Bruder Kellermeister«, bemerkte Kuno nach einem kräftigen Zuge aus dem frisch gefüllten Becher. »Zwar habt Ihr es nicht so weit gebracht, aus Wasser Wein zu machen, aber doch eine geringere Sorte in eine bessere zu verwandeln. Stoßt an, Bruder Kellermeister, Ihr sollt leben, samt Eurer wundertätigen Hand, Eurem frommen Hause und seinen vielversprechenden Kellern!«

»Schelm, der du bist!«, erwiderte der joviale Klosterwirt. »Deine gute Laune hat das Wunder der Verwandlung bewirkt, dank es dir selbst. Ein lustiger Kumpan ist uns stets willkommen, besonders hier unten in der Halle. Droben pflegen sie häufig gelehrte Gespräche; – das taugt nichts für den Bruder Kellermeister, dem Lachen und Singen –«

»Und Trinken«, fiel Kuno ein, »weit besser mundet als Gelehrsamkeit.«

Nachdem der Humpen abermals geleert war und der freigebige Bruder ihn wieder gefüllt herein brachte, trug er noch ein kleines Krüglein in der anderen Hand und stellte es mit einem vielsagenden Blick auf Kuno bei Seite.

»Dort ist etwas ganz besonderes für Euch«, flüsterte er ihm zu. »Die andern werden bald weiter ziehen, dann sollt Ihr das Krüglein dort leeren.«

Doch wie die Bewirteten weiter zogen, kamen neue dafür. Der schöne Frühlingstag brachte viele Gäste, denn selten zog ein reisender Handelsmann oder sonst ein Wanderer vorüber, ohne einzusprechen und von dem berühmten Wein der Eberbacher Abtei zu genießen. Der Kellermeister, der heute des Besuches kein Ende sah, winkte Kuno an ein kleines Tischchen in eine Ecke der Halle. Dort pflanzte er mit wichtiger Miene das kleine Krüglein vor ihm auf und sagte bedeutungsvoll den Finger auf den Mund legend:

»Damit schlürft Ihr ein Klostergeheimnis, Freund Kuno; – genießt es mit Verstand und verratet mich nicht, denn ich sage Euch, so lange noch ein Mönch in der Abtei Eberbach lebt, darf es nicht in die Welt hinauskommen. Trinkt und Gott gesegne es Euch, lustiger Kumpan! Was das Krüglein enthält, ist ein wahrer Gottessegen.«

Kuno öffnete den Deckel des kleinen Gefäßes und rief: »Ah! Wie es duftet!«

Dann tat er einen langen Zug, dann kleinere, bedächtigere, dann schlürfte er langsam den Rest, schüttelte die Hand des Bruder Kellermeisters und sang:

> *»Hab Dank, hab Dank*
> *Für solchen Trank,*
> *Du braver Kellermeister!*
> *Schließ' fest ihn ein*
> *Den Götterwein,*
> *Voll feurig wilder Geister,*
> *Sonst stürmen sie dein frommes Haus*
> *Und rufen laut: hinaus, hinaus,*
> *Zu Lieb und Lust am schönen Rhein,*
> *'s wird uns zu eng im Klösterlein,*
> *Im Klösterlein so ganz allein –*
> *So ganz allein im Klösterlein!«*

»Schweigt mit so sündhaften Liedern«, wehrte lachend der Kellermeister. »Überdies liegt keine Weisheit in dem, was Ihr gesungen, denn der feurige Geist dieses edlen Getränkes ist ein so prächtiger Gesellschafter zwischen engen Mauern, dass er daran fesselt, nicht Sehnsucht nach außen erweckt – und neckt er uns je zuweilen in aufgeregter Laune mit solch sündhaftem Verlangen, vergeht es über Nacht wieder. Die Morgensonne bringt uns stets richtiges Verständnis mit uns selbst und unserem Tagewerk zurück.«

»Das ist die Frucht Eures beschaulichen Lebens und wahrlich Ihr tut wohl daran, zufrieden mit Eurer Klause zu sein, Freund Kellermeisten Bei Gott, ich neidete Euch darum, wenn ich nicht wäre, der ich bin, denn es ist wirklich ein herrliches Los, sein Leben lang im innigsten Verkehr mit solch edlen Geistern zu stehen. Doch sagt, frommer Bruder, wie nennt Ihr denn diesen geistvollsten Zögling Eures Hauses?«

»Steinberger ist er getauft. Ein kräftiger Name, nicht, Freund Kuno? Doch behaltet ihn bei Euch wenn der Bruder Kellermeister je einmal das Krüglein da Euch wieder füllen soll.«

»Hier meine Hand darauf, gewissenhafter Kellermeister. Ich verrate das geheime Kind Eures Hauses nicht, das ich noch öfter zu kosten gedenke.«

»Wir haben's gehegt und gepflegt wie unser Augenlicht«, sagte der Kellermeister mit einem wahrhaft väterlichen Blick auf das Krüglein, »drum lieben wir es auch vor allen andern und wollen unsere alleinige Freude daran haben. Ihr, lustiger Kumpan, seid der erste Gast der unteren Halle, dem ich den geheimen Liebling unseres Hauses vorstelle; – auch droben wird er nur höchst selten einem Fremden zu Teil und ich wette, Euer Herr bekommt ihn nicht zu Gesicht.«

»Der arme Herr«, seufzte Kuno, »doch nicht mehr als billig, dass der Diener zuweilen auch etwas vor dem Herrn voraus hat.«

»Klopft nur bald wieder an unsere Pforte an und ist der Kellerschlüssel noch in meiner Hand, soll flugs das Krüglein da wieder vor Euch stehen.«

Kuno fasste den Kellermeister vertraulich um den Hals und summte:

> *»Komm ich aus fernem Land,*
> *Klopf ich ans Klösterlein*
> *Am Rhein, am Rhein.*
>
> *Dann reicht zur Labung mir*
> *Das Krüglein hier*
> *Mein Brüderlein*
> *Am Rhein, am Rhein.«*

»Und voll Steinberger soll es sein!«, fiel der fröhliche Kellermeister singend ein; – da rief ihn eine mahnende Stimme zu anderem Dienste – und Kuno, erhitzt von dem feurigen Getränke, lehnte sich in die kühle Ecke zurück und entschlief.

Während Kuno sich auf diese Weise unterhalten und von den Weingeistern der gastlichen Abtei in Schlummer gewiegt wurde, schritt Johann an der Seite eines gelehrten Mönchs durch die verschiedenen Räume des stattlichen Hauses. Er sah die Kirche an, bewunderte den kunstreichen Altar derselben und einige schöne Freskogemälde; – dann betrat er mit heiliger Ehrfurcht das stille Gemach, in dem die Bibliothek des Klosters in wohlverwahrten Schränken sich befand. Sein Begleiter öffnete sie und zeigte mit stolzem Selbstgefühl auf die darin enthaltenen Schätze. Verlangend hing sich Gutenbergs Auge an die kostbar eingebundenen Folianten, wie an die minder auffallenden Bücher, an die vergilbten Pergamente, Handschriften und

Urkunden aus alter Zeit. Das Kloster Eberbach besaß nach den damaligen Begriffen eine reichhaltige Bibliothek. Sie schloss größtenteils Abschriften berühmter Werke, in dem Kloster selbst angefertigt, und um schweres Gold erworbener Bücher in sich.

Der Pater reichte Gutenberg einen großen Folianten, ein Prachtwerk in Samteinband mit goldenen Buckeln und Klausuren und sagte:

»Sein Inhalt ist seines Kleides würdig, es ist die Heilige Schrift, das kostbarste Buch, was bis jetzt in unsern Mauern gefertigt wurde.«

Johann schlug es hastig auf und rief staunend:

»Welch' schöne, gleichförmigen Buchstaben, welche feste sichere Hand!«

Dann hing sich sein Auge immer ernster und nachdenkender daran. Die gleichmäßigen Linien der Schrift fesselten ihn mehr als die Farbenpracht, welche auf ihre Ausschmückung verwendet war, und selbst mehr als die Miniaturgemälde, die einzelne hervorragende Gedanken in bildlicher Form darstellten. Es war, als könne er sich von dem Anblicke dieser toten und doch so lebendigen Zeichen nicht mehr losmachen und müsse sie in allen ihren Einzelheiten verfolgen, so scharf blickte er darauf, so unbeweglich hielt seine Hand die aufgeschlagene Seite fest, und als könne den mächtigen Gedanken, der seine Seele bei ihrem Anblicke bewege, seine Brust nicht mehr fassen, drang es aus ihr in halblauten Worten hervor:

»Herr, mein Gott, lass die Fackel sich entzünden, die wie ein Blitzstrahl den Erdball erleuchten und umkreisen müsste, vor deren leuchtendem Scheine tausendjährige Nacht entweiche und dein Wort, Allvater, bis in die entferntesten Himmelsstriche dränge, mit ihm Gesittung und Wissen. Verleihe mir Schwachen die Kraft den Gedanken, den du, Allmächtiger, in meine Seele gelegt, dem forschenden

Geiste so zu erschließen, dass er als lebendig gewordene Idee in die Welt hinaustreten kann zum Wohle der Menschheit und gepriesen werde als das Werk deiner unendlichen Güte, du großer Geist der Liebe und des Friedens.«

Der gelehrte Pater sah verwundert auf den jungen Mann, der seine Nähe vergessend Wort und Seele zu Gott erhob.

»Was habt Ihr? Was geht in Euch vor, junger Freund?«, fragte er nach einer längeren Pause.

Johann schrak zusammen und schloss schnell das Buch, als könne es das Geheimnis seiner Seele verraten, und sagte mit Befangenheit:

»Vergebt, ehrwürdiger Vater, dass ich über dieser kunstreichen Arbeit mich vergessen konnte, in ein Selbstgespräch zu geraten. Ich staune so schöne und mühsame Dinge stets wie ein Wunder Gottes an und gerate leicht darüber in Ekstase.«

»Da geht Ihr zu weit, mein Sohn. Es sind nur Werke des Fleißes, die Gott, der Herr, gesegnet. Doch erfreut mich Euer reger Sinn dafür und ich will Euch dies dadurch beweisen, dass ich Euch, was wir sonst nicht leicht einem Gast gewähren, in die Werkstätte führe, wo Kenntnis und Fleiß mit Geduld und heiligem Eifer gepaart unter Gottes Schutz solches zu Stande bringt. Ihr sollt schauen, Junkherr Gutenberg, was Euer Auge wohl noch nie geschaut.«

Der Pater verschloss sorgfältig die Bücherschränke und auch das Gemach wieder, dann ging er Johann einen schmalen Gang voran, dann eine enge dunkle Treppe hinab, die in einen blumigen, sorgfältig gepflegten Garten führte, der von dem Kreuzgang der Kirche und einem Hinterflügel des Klosters umschlossen war. Der letztere lief schmal aus und hatte nur im oberen Stockwerk Fenster, die jedoch für die damalige Zeit außergewöhnlich groß waren. Hier klopfte der Pater an eine verschlossene Türe dreimal an. Sie tat sich sogleich auf und die Helle, die von oben herabdrang, zeigte eine steinerne Treppe, welche in das erste Stockwerk führte. Hier angekommen betrat man zuerst einen ziemlich großen Vorplatz, auf dem verschiedenes Material umherlag. Gutenbergs Aufmerksamkeit wurde sogleich dadurch in Anspruch genommen, doch der Pater gönnte ihm keine Zeit zu näherer Beschauung, sondern geleitete ihn weiter durch ein kleines Vorzimmer in einen Saal, in welchem etwa zwölf Klosterbrüder und einige weltlich gekleidete Männer verschiedenen Beschäftigungen oblagen. Die Mönche hatten, soweit es ihre Arbeit erforderte, das klösterliche Kleid abgelegt – Arbeit schien hier der alleinige Zweck ihres Lebens zu sein. Es herrschte große Stille, Ernst und Eifer in dem hellen Raume, der einer Werkstätte glich. Einige waren mit Zubereitung von Pergament beschäftigt, andere sortierten und schnitten Papierbogen in gleicher Größe zu und legten sie den Schreibern zurecht, welche an einzelnen kleinen Tischen in kunstreicher Schrift Manuskripte darauf übertrugen oder schon geschriebene Bücher noch einmal abschrieben. Wieder andere illuminierten einzelne Teile derselben und fertigten kleine Bilder zu ihrer Ausschmückung an. Diese wurden von einem freundlichen Mann mittleren Alters überwacht und angeleitet. Gutenbergs Führer nannte ihn einen niederländischen Maler. Er sah lange und aufmerksam dieser Beschäftigung zu, dann traten sie an einen langen Tisch, an dem fertige Blätter zusammengeheftet, gepresst, geleimt und die verschiedenen Einbände dazu auf das sorgfältigste hergerichtet wurden. Alles ging ganz regelmäßig von einer Hand in die andere, aber dennoch blieb es bei allem Fleiß und Eifer ein schwieriges und langwieriges Werk, bis nur ein Buch zu Stande kam. Einige Mönche führten auch Bücher in allen ihren Einzelheiten aus und ließen es sich nicht nehmen, irgendein Prachtwerk allein zu Stande gebracht zu haben. Das war aber dann freilich die Arbeit mehrerer Jahre und solche mühsame Kunstwerke wurden ungeheuer hoch gehalten und fanden sich nur in reichen Klöstern oder in den Schatzkammern der Großen vor, wo sie bei den Kleinodien und Kronjuwelen aufbewahrt und wie diese gehütet wurden. Könige und Fürsten wetteiferten mit den reichen Klöstern in Anschaffung von Bibliotheken teils aus Kunstsinn und Wissensdurst, doch noch mehr aus Eitelkeit und Prunksucht, denn was damals geschrieben wurde, war fast durchweg in lateinischer Sprache; solche geschriebene Werke kosteten sehr große Summen und waren nur wenigen verständlich.

Den Bedürfnissen des größeren Publikums nach Schriften halfen die öffentlichen Schreiber und seit dem Anfang des fünfzehnten Jahrhunderts auch die sogenannten Briefdrucker oder Briefmaler ab, welche nach und nach zu der Erfindung kamen, von Holztafeln rohe Umrisse von Heiligenbildern mit Beifügung kleiner Reime und Bibelsprüche mittelst eines Reibers abzudrucken. Auf diese Weise wurde die mühsame Malerei der Karten und der Heiligenbilder mit ihren Reimen und Bibelsprüchen erleichtert. Man nannte diese Beschäftigung Briefdrucken, weil man jede Schrift Brief nannte, wovon noch heutzutage die Bezeichnung Frachtbrief, Lehrbrief etc. kommen mag. Weiter jedoch ging diese Druckkunst noch nicht, die man kaum als den rohen, unvollkommenen Vorläufer der großen Erfindung Gutenbergs bezeichnen kann, und der dem Gedanken, durch bewegliche Lettern einen tausendfältigen Bücherdruck zu ermöglichen, noch ferner lag, als manche Idee der Griechen und Römer. Doch auch diese großen, geistreichen Völker, welche eine so hohe Stufe der Kultur erstiegen, gingen an dieser welterschütternden Erfindung vorüber, gingen unter, ohne dass sie ihnen aufgegangen wäre – sie blieb ihnen das Ei des Kolumbus.

Erst Gutenbergs ernstem, sinnendem Geiste war es vorbehalten, die Größe und Weltbedeutung der Buchdruckerkunst zu erfassen und mit der Hingabe seines ganzen Lebens sie der Menschheit als ein Geschenk Gottes darzubieten.

Doch kehren wir zu unserer Erzählung zurück. Gutenberg beobachtete mit der gespanntesten Aufmerksamkeit die einzelnen Arbeiten in dieser Bücherwerkstätte und kaum minder aufmerksam sah ihn sein Begleiter an.

»Es bedünkt mich, dass unser Schaffen hier Euch gar sehr interessiert?«, nahm der Pater nach längeren Schweigen das Gespräch wieder auf. »Überhaupt kommt mir Euer ganzes Wesen als ein sehr ernstes und stilles vor. Ihr würdet Euch meines Erachtens besser für das Kloster als Weltleben passen, das heißt für ein solches, wie es hier bei uns herrscht, wo Wissenschaft, Frömmigkeit, humaner Sinn und ein guter Haushalt Hand in Hand miteinander gehen.«

»In mancher Hinsicht mögt Ihr Recht haben, ehrwürdiger Vater«, erwiderte Johann nach kurzem Sinnen. »Ich könnte mich schon entschließen, jahrelang in einer Zelle zu verweilen, um ungestört nachzudenken und dann in stiller Arbeit auszuführen, was mein Geist ersonnen. Allein, was zwischen festverschlossenen Mauern sich entwickelt, findet nicht leicht den Weg in die Welt hinaus, – und mir ist es eben einmal so – zürnt mir darob nicht, frommer Vater, dass nur die Arbeit und das Wissen recht und von Gott gesegnet sei, was zum Nutzen und Frommen aller ist.«

»Nicht alles, junger Mann«, fiel der Pater schnell ein, »taugt für die gesamte Menschheit und ist viel besser hinter Schloss und Riegel im Schoße der Mächtigen und Großen oder in heiligen Mauern geborgen. Besonders ist dies bei Wort und Schrift der Fall. Damit ist es ein gar gefährlich' Ding und wohl weise zu überlegen, wie weit es für das Allgemeine taugt. Ist doch selbst die Heilige Schrift, das Wort Gottes, so wie es die heiligen Propheten niedergeschrieben, nicht geeignet, in jedermanns Hände zu kommen und weise Kirchenväter, fromme und gelehrte Männer haben zu wachen, dass den Einfältigen keine Speise zu Til wird, die sie nicht zu verdauen vermögen. Die Weisen und Erleuchteten sind die von Gott eingesetzten Hüter der Seelen, die Mächtigen das Haupt, das denken und herrschen muss über die einzelnen Glieder des Körpers. Was sollen Dinge den Menschen, die sie nicht verstehen? Forschung und Gelehrsamkeit sind am besten in verwahrten Schränken aufgehoben. Wen sein Geist wie Euch antreibt, sie zu schauen, der komme zu uns und wen es verlangt, sie näher kennenzulernen, der bleibe bei uns. Die Welt ist seine Station nicht.«

»Das meint Ihr wirklich so?«, fragte Johann zweifelnd.

»Derjenige, welcher zu viel Wissen in der Welt verbreiten will«, fuhr der Pater mit Salbung fort, indem er einen langen Blick auf Gutenberg warf, »wird selten ein Kind des Glücks. Man glaubt ihm entweder nicht oder spottet seiner oder man betet ihm eine kurze Weile nach, so lange es Vorteil zu bringen scheint, ist's aber damit nicht so recht gut bestellt, lässt man den Narren laufen, der weiser sein wollte als andere. Drum hüte dich, mein Sohn, vor solchem Gelüste, sonst könnte der Stern deines Lebens schon im Morgenrot desselben untersinken. Willst du der Gelehrsamkeit leben, wähle die stille, verborgene Zelle dazu. Glaube meiner Erfahrung, zu viel Wissen taugt in der Welt nichts.«

»Eure Lehre enthält viel Weisheit«, erwiderte Johann. »In stiller Zelle kann mancher Gedanke zu schneller Reife gelangen, der im Strudel des Lebens entflieht. Ich aber möchte doch vorerst die Welt ein wenig ansehen; allein wer weiß, vielleicht kehre ich einst zu Euch zurück, frommer Vater und bitte um Eure allerkleinste Zelle für mich und meine Gedanken.«

»Du sollst willkommen sein, mein Sohn, und nicht allein weil du von edler Abkunft bist, nein, nur um deines ernsten, frommen Auges willen. Lebe ich noch, wenn du an die Pforte dieses Klosters klopfen solltest, wird sie ungesäumt wie heute zu gastlichem Empfange sich dir auch gerne für immerdar öffnen.«

»Es ist gut hier wohnen«, fiel der niederländische Maler ein, der das Gespräch Gutenbergs mit dem Pater aufmerksam verfolgt hatte. »Eberbach ist ein frommes und dabei ein gastliches Haus; und wie es nach Förderung des Geistes strebt, ist unsere Werkstätte Beweis genug. Allein ich sehe Euch wohl an, Junkherr, dass es Euch mehr in die Welt hinaus als in die Klostereinsamkeit verlangt – und für Eure Jahre habt Ihr ganz Recht. Vergebt, frommer Vater«, wandte er sich an den Mönch, »dass ich dies so gerade heraus sage. Allein so schön es auch bei Euch ist, ist es doch in der Welt draußen noch schöner, das heißt so lange uns die Jugend lacht und ich versichere Euch, ein ernster Sinn findet vieles Wissen dabei. Doch wohin geht denn Euer Weg, junger Herr, wenn ich fragen darf?«

»Noch bin ich mir darüber nicht ganz klar«, erwiderte Gutenberg, »vorerst denke ich rheinabwärts zu ziehen bis gen Holland. Dort soll, wie ich vernommen, die Briefdruckerei schon viel weiter gediehen sein als bei uns zu Land. Wisst Ihr mir nichts Näheres darüber mitzuteilen?«

»Nicht besonders viel – doch vielleicht genug für Euch«, erwiderte der Maler gefällig. »Als ich vor einem Jahre Holland verließ, mein Glück in Deutschland zu versuchen, war viel von den gedruckten Heiligenbildern mit Reimen und Sprüchen die Rede, die ein Küster in Haarlem verfertigte. Er halte seine Kunst sehr geheim, hieß es und betreibe sie ganz allein, weshalb er nur weniges zu Stande bringe; doch was er schaffe, sei bis jetzt von keinem andern erreicht worden.«

»Also in Haarlem und ein Küster?«, fragte Johann aufmerksam.

»Ja, ja. Lorenz, der Küster an der Parochialkirche dort.«

»Ich danke Euch für diese Kunde.«

»Grüßet mir dafür mein Heimatland!«

»Zieht nicht in die nebligen Gefilde Hollands«, fiel der Pater ein.

»Haltet ihn nicht davon ab, ehrwürdiger Pater«, entgegnete der Maler. »In den Niederlanden scheint die Sonne eben recht helle.«

Der Pater warf einen etwas unzufriedenen Blick auf den Maler, dessen Kunst dem Kloster von größerem Nutzen war als seine Reden und sagte schnell zu Gutenberg:

»Vor allem, edler Junkherr, kommt jetzt ins Refektorium, denn Eure Jugend verlangt noch etwas anderes als geistige Speise. Füllen wir Alten doch selbst einen großen Teil unserer Zeit mit Befriedigung leiblicher Bedürfnisse aus, um wie viel mehr ist's Euch von Nöten, der Ihr dasteht in der Fülle Eurer Kraft. Kommt, Junkherr Gutenberg, lasst uns drum sehen, was Küchen- und Kellermeister Euch vorzusetzen haben.«

7

Als es auf dem Wasser zu dunklen begann und nur noch
einzelne Streifen des erblassenden Abendrots sich darin
spiegelten, fuhr der Nachen, welcher Johann und Kuno
trug, langsam weiter abwärts. Nicht weit von dem Ufer
entfernt, erhob sich der Johannisberg mit seinem Kloster;
und weiter abwärts in der Mitte des ruhigen, spiegelglatten
Stromes tauchte dunkel eine Insel auf. Kuno, noch erregt
von dem feurigen Getränke, das ihm der Kellermeister
der gastlichen Abtei so reichlich gespendet, zeigte wenig
Sinn für die ernste Schönheit der stillen, abendlichen
Landschaft und plauderte, als ob er es zu seinem Studium
gemacht hätte, über die Weinkultur des Rheingaues, deren
Entstehung er den Römern zuschrieb. Gutenberg jedoch
wollte Karl den Großen als den Gründer derselben anerkannt wissen, der von seinem schönen Ingelheim aus auf
die sonnigen Berge des Rheingaues herübergeschaut und
mit seinem mächtigen Geiste den Reichtum ihres Bodens
erkannt, mit seiner mächtigen Hand ihre steilsten Anhöhen zu bepflanzen und selbst ihre steinigten Abhänge mit
Erde zu bekleiden gewusst. Kuno jedoch beharrte dabei,
dass die genusssüchtigen Römer den ersten Wein von
den Bergen des Rheines getrunken – Karl der Große nur
in ihre Fußstapfen getreten sei und die Weinkultur durch
Reben aus dem Süden verbessert habe. Seinem Beispiele,
setzte er lachend hinzu, folgten die frommen Bewohner
der Klöster, in deren Pflege dieser lohnende Kulturzweig
am besten gedieh, denn erst durch sie wurden die feinen

Weine erzielt, die ihnen nun ein bedeutender Handelszweig, dadurch eine ergiebige Geldquelle und zugleich die Würze ihres klösterlichen Lebens geworden sind.

Der letzte Schein der Sonne nahm von dem Himmel Abschied, dafür leuchtete ein Stern um den anderen aus seiner blauen Höhe herab und besah sein glänzendes Angesicht in der dunklen Flut. In dem dämmerigen Abend verschwammen die Umrisse der nahen Berge zu einer gigantischen Masse und die kleine Insel streckte sich wie ein Riese vor dem Schifflein aus. Ein eigentümlich säuselnder Luftzug strich über sie hin und umwehte die Reisenden.

»Das ist der Wisperwind«, erklärte ernsthaft der alte Schiffer. »Seit ewigen Zeiten bringt er zwischen Tag und Dunkel den Gruß des unteren Rheingaues der Lützelau und mahnt die Bewohner hier oben an die gemeinsamen Rechte und Freiheiten, die seit undenklichen Jahren das Volk zwischen jenen Bergen und diesem Strome besitzt – besessen«, setzte er leise und klagend hinzu.

»Ich denke, Euer altes Gaugericht ist nur in die Städte verpflanzt, nicht aufgehoben worden?«, schaltete Kuno ein.

»So aber wird's verschleppt«, seufzte der alte Mann, »dass davon zuletzt nichts mehr übrig bleibt, als das Angedenken daran. Jene Aue dort«, fuhr er fort, nach dem dunklen Riesenkörper in der sternglänzenden Wasserfläche zeigend, »ist nur noch das Grab seiner einstigen Größe und Bedeutung zu nennen. Dort hat mein junges Auge Tage geschaut, die leider dahin find für immer; – Tage, in denen das Volk sich selbst zu Gericht saß, als sein alleiniger Herr und die Mächtigen und Vornehmen sich beugten vor des Rheingauers uralten Rechten und Freiheiten; selbst unser gewaltiger Erzbischof schickte seine Abgesandten, um vom Volke seine Rechte und Privilegien anerkannt und beschützt zu sehen. Da konnte der Vornehmste wie der Geringste ohne Scheu und Furcht seine Beschwernisse vorbringen, die Stimmenmehrheit sprach ihm Recht oder Unrecht zu. Das Volksgericht war ein Gottesgericht. Niemand wagte es, sich seinem Ausspruche zu widersetzen. Solche Tage, Ihr Herren, gaben Entschädigung für herbe Zeiten, für Kriegsnot und unrechtmäßige Gewalt. Auf der Lützelau schüttelte der Rheingauer immer wieder das Joch ab, das man zu Zeiten ihm auf den freien Nacken gelegt. Jetzt aber ist's still geworden da drüben auf der Gerichtsstätte im Rhein, ganz stille, Ihr Herren. Die Tage des Volksgerichts sind von hier in die Städte gewandert und dort singt man ihnen ein Hajo-Popeio, dass sie einschlafen, um nimmer aufzuwachen. Die neue Zeit wolle es so, hört man sagen und die Jugend glaubt's, – aber wer wie ich die Tage der Lützelau geschaut, der kann sich nicht drein finden und sein Herz schwillt auf vor Leid und Grimm, so oft er ihrer gedenkt – und seht, Ihr Herren, meine Hand, die noch fest und kräftig ist, zittert am Ruder, wenn ich hier vorüber steure und mein Auge, das Tränen nicht kennt, wird nass, sobald es das Grab erblickt, welches des Rheingauers Freiheiten und Rechte nur noch als ein Denkmal an Dahingegangenes zeigt.«

Johann sah teilnehmend auf den klagenden alten Mann, doch Kuno fiel in seltsamer Heftigkeit ein:

»Das Alte kann nicht ewig leben! Wer wird um Dahingegangenes trauern? Aus Moder und Verwesung entkeimt neues Leben. Auch du wirst einst sterben, Alter, dafür blüht eine junge Kraft in deinem Enkel auf – das ist der Lauf der Welt nach ewigen Gesetzen.«

»Ich verstehe Eure Rede nicht recht, Herr oder Diener, was Ihr seid«, erwiderte der Alte. »Doch will mich bedünken, dass Ihr damit sagen wollt, das Alter müsse der Jugend Platz machen und darin habt Ihr freilich Recht, allein des Alters Weisheit dürfte die Jugend sich wohl zu

Gemüte führen, statt sie, wie es häufig geschieht, mit diesem ins Grab zu legen.«

»Auch das muss sein, Freund Schiffer, weil Jugend und Erfahrung weit auseinander laufen. Darum aber stirbt die Weisheit des Alters nicht aus, wenn man sie oft auch scheinbar zu Grabe bettet. Ist sie wirklich brauchbare Weisheit, so lebt sie mit der Welt fort, in einem steten Verjüngungsprozesse, der freilich mitunter recht schwierig wird, bis er zur rechten Läuterung gelangt. So ist's wohl auch mit deinem alten Gaugerichte beschaffen. Drum tröste dich, graues Haupt. Schmeckt's dir gleich bitter jetzt, dass die alte einfache Gesetzgebung auf tausenderlei Abwege gerät, spätere Zeiten werden das klären und was nicht du und dein Enkel erlebt, gedeiht deinen Urenkeln zum Heile. Drum wirf deine melancholischen Grabgedanken über Bord und steure zum Lande hinüber, statt geradeaus, dem trauernden Denkmal deiner gepriesenen alten Gauverfassung zu; denn wir sollen doch wohl nicht auf jenem ehrwürdigen Eilande übernachten?«

Der Steuermann warf einen fragenden Blick auf Gutenberg und dieser sagte zu Kuno, dass er beschlossen habe, die Nacht auf der Lützelau zuzubringen, – es finde sich eine gute Herberge da, auch verlange ihn, den geschichtlich so merkwürdigen Boden zu betreten, der Jahrhunderte hindurch die großen Volksversammlungen des Rheingaues geschaut, in denen aus die einfachste und redlichste Weise Gericht gehalten und jedem sein Recht zugesprochen worden sei. In wenigen Stunden hätten sich hier stets die streitigen Dinge zur Zufriedenheit der Beteiligten geschlichtet und dem Verbrechen sei die gerechte Strafe zuerkannt worden, während jetzt die Gerichtsbarkeit in langsame Prozesse und Förmlichkeiten überzugehen drohe, worunter der arme Mann leide und dem Reichen gegenüber immer weniger sein Recht sich wahren könne.

Kuno sah einige Augenblicke ernsthaft das dunkle Eiland an, dem der Kahn rasch sich nahte, dann aber sagte er in leichter Weise:

»Mögt Ihr recht sanft auf diesem wasserumschlossenen Boden großer Erinnerungen ruhen, mir aber vergönnt, am Lande drüben die Nacht zu verbringen. Lorenz, rudere mich hinüber, ich lenke an des Alten Stelle das Steuer und morgen mit dem frühesten sind wir wieder an der Insel. Der Bube mag sich sein Lager im Kahne zurecht machen und ich – nun ich – ich lasse mich leiten von Nachtigallenschlag durch Blütenbüsche zu dunkler Augen Pracht.«

Johann warf einen warnenden, fast bittenden Blick auf seinen Gefährten, doch dieser schien ihn nicht zu verstehen, denn kaum hatte der Nachen an der Insel angelegt und Johann war ausgestiegen, als er scherzend den Alten vom Ruder hinweg- und hinausdrängte und Lorenz ermahnte, rasch nach dem jenseitigen Ufer zu rudern. Dort angelangt, warf er sich in sein Spielmannshabit, stülpte keck die Kappe mit der Pfauenfeder auf die kurzen, blonden Haare und hing die Fidel um. Lorenz sah ihm verwundert zu und fragte, was er denn vorhabe in dieser Nacht.

»Das möchtest du gerne wissen, junge Neugierde?«, erwiderte Kuno lustig und sang:

>*»Ich eil' zu Lieb' und Lust und Wein*
>*Ins Klösterlein*
>*Am Rhein, am Rhein.«*

»Ei sieh doch«, lachte der Knabe pfiffig und schnalzte mit dem Finger. »Da geht ihr wohl dort hinaus ins St.-Johannis-Kloster und spielt den lustigen Mönchen ein Tänzchen auf? Oder wohl gar ihren frommen Schwesterlein in der Klause unten?«

»He Bube, was weißt du davon?«

»Ei davon weiß jedes Kind im Rheingau zu erzählen und ich, Herr Spielmann, habe die Kinderschuhe längst ausgetreten – werde darum auch wohl etwas von den Geschichten wissen dürfen, die über das St.-Johannis-Kloster und seine Klause verlauten.«

»Denke nicht viel darüber nach, Knabe«, warnte der Spielmann ernster als sonst seine Weise war. »Schlafe gut und wenn du träumen musst, so lasse es von Engeln und nicht von Nönnlein sein.«

Damit war er schnell unter den Bäumen verschwunden. Lorenz sah eine Weile nachdenklich in das dunkle Feld hinein. Des Spielmanns nächtliche Wanderung reizte des Knaben Neugierde, doch bald rieb er sich die Augen und fand es rätlich, ein möglichst bequemes Lager auf dem Boden des Kahnes sich zu bereiten. Als dies geschehen, streckte er sich müde darauf aus, faltete die Hände und murmelte sein gebräuchliches Nachtgebet. Doch mitten in dieser Andacht überfiel ihn der Gedanke, die Sterne zu zählen und er riss die bereits halb geschlossenen Augen wieder weit auf; allein kaum hatte er mit dem kühnen Versuche begonnen, als die glitzernden Himmelslichter in unsicherem Gefunkel zu ihm nieder flimmerten. Eins – zwei – drei – zehn – hundert – tausend – murmelte er – und neckisch gleich Irrlichtern tanzten die Sternlein um ihn her, bis sein Auge sich schloss und zwar so fest, dass er selbst das Träumen vergaß. Nur zuweilen, wenn gar zu heller Sternenstrahl seine Augenlider berührte, machte er eine unruhige Bewegung und dann huschte wie ein verschwommenes Traumbild, die zarte Gestalt des rosigen Kindes von Eltville, an seinem schlafumfangenen Geiste vorüber.

Kuno schritt indessen so sicher, als sei er mit der Gegend wohl bekannt, durch die dunkle Ebene einer Anhöhe zu, von deren Gipfel einige Lichtstrahlen herab drangen. Sie dienten ihm zur Richtschnur seines Weges, doch zogen sie ihn nicht den Berg hinauf. An seinem Fuße angelangt, ging er an demselben hin, bis er eine Mauer erreichte, die von drei Seiten ein Haus umschloss, das still und dunkel kaum erkennbar war. Er stieg längs der Mauer hin etwas aufwärts. Gestrüpp und Steine machten dies sehr unbequem und Kuno hatte Mühe sich hindurch zu winden. Da wo die Mauer eine Ecke bildete, war ein tiefer Graben gezogen, hinter dem die Weinpflanzungen in die Höhe liefen und der zugleich die Mauer, die das Haus umgab, davon schied. Kuno ließ sich vorsichtig in den Graben hinabgleiten und ging in demselben weiter, bis er an dichtem Buschwerk anlangte, das jedes Vorwärtskommen zu verbieten schien. Doch ungesäumt bog er die Zweige, welche an der Mauer aufschlugen, nach vorn und drängte sich zwischen ihnen durch. Nach wenigen Minuten mühsamer Wanderung gelangte er an ein niederes Türchen, das er jedoch nur durch seinen Tastsinn an der Mauer unterscheiden konnte. Schon erhob er die Hand, um anzupochen, als es verdächtig hinter ihm rauschte und er sich an der Schulter fest gepackt fühlte.

»Wer bist du, Geselle? Und was willst du hier?«, fragte eine dumpfe Stimme und eine vermummte Gestalt drängte sich dicht neben Kuno.

Dieser sah mit scharfem Blick auf seinen Feind, dann antwortete er keck: »Ich bin zum Schmause geladen wie Ihr, ehrwürdiger Vater.«

»Schweig Schelm oder ich erwürge dich«, war die unsanfte Antwort, doch Kuno ließ sich nicht einschüchtern und fuhr trotzig fort:

»Lasst mich los, Mensch oder Pfaffe, was Ihr sein mögt. Ich denke, wer diese Pforte zu finden weiß, hat auch ein Recht, durch sie einzugehen zu den himmlischen Freuden, die in der frommen Klause den Wallfahrer erwarten, der durch Nacht und Graus ihre Mirakel aufzufinden kommt.«

»Sage, wer bist du und wie nennst du dich? Denn du kommst nicht –«

»Von der Höhe?«, fiel Kuno ein. »Nein, ich komme aus dem Tale und habe keine so bequeme Station hier in der Nähe wie ihr; – ich bin ein unsteter Wanderer – Kuno, der fahrende Spielmann, der schon einmal da drinnen aufgespielt und es heute wieder tun möchte.«

»So – wer rief dich dazu?«

»Schwester Gisela.«

Der Vermummte ließ wie in großer Überraschung Kuno los und stammelte:

»Nicht möglich«, dann aber packte er ihn schnell wieder und sagte:

»Du lügst, Halunke. Schwester Gisela verlässt seit Wochen ihre Zelle nicht – und ist – doch das gehört nicht hieher – sprich, wer rief dich zum nächtlichen Feste?«

»Schwester Gisela«, versicherte Kuno abermals.

Der Vermummte schüttelte ihn ein wenig und fragte ungläubig:

»Auf welche Weise, sag' an, gab sie dir Kunde davon?«

»Durch die Luft, neugieriger Herr. Gisela hat Verkehr mit Geistern. Höhere Mächte stehen ihr zu Gebot.«

»Auch davon bist du unterrichtet, wie lange ist es denn her, dass du da drinnen warst?«

»Zwei Monde wird's sein. Der erste Storch klapperte gerade auf der Kirche des nächsten Ortes.«

»Damals war sie noch frisch und munter. – Warst du seitdem nicht mehr hier?«

»Bei meiner Seele nicht.«

»Das ist wunderbar. Doch komm, ich sehe, ich werde dich doch nicht wieder los.«

»Gewiss nicht«, versicherte Kuno und drängte den Vermummten zur Seite und klopfte dreimal in eigentümlicher Weise an die kleine Pforte.

»Auch das verstehst du?«, rief der Vermummte verwundert. »Wer lehrte es dich?«

»Mein scharfes Gehör, das darauf merkte, als ich eine Nacht hier zubrachte. Ihr seht, ich bin ein Eingeweihter und habe geschworen, die Geheimnisse des stillen Hauses für Träume zu halten, die der Tagesstrahl aus dem Gedächtnis wischt. Doch horcht, der Riegel knarrt, das Pförtchen öffnet sich und hinter uns vernehme ich das Geräusch noch anderer Wallfahrer. Machen wir ihnen Platz.«

Kuno schlüpfte durch die geöffnete Pforte, der Vermummte ihm nach, andere schienen zu folgen, doch wurde dem Spielmann keine Zeit vergönnt, darauf zu achten. Völlige Dunkelheit umgab ihn und nachdem er seinen Begleiter leise flüstern gehört, fasste eine weiche warme Hand die seine und leitete ihn über steile Treppen durch dunkle Räume, bis plötzlich heller Lichterglanz sein Auge blendete.

»Du bist's, Kuno, der fahrende Spielmann, sei willkommen«, begrüßte ihn jetzt seine Führerin und sah ihn aus dunklem Schleier neugierig an. »Wer hat dich hieher gerufen?«

Er legte bedeutungsvoll den Finger an den Mund und zeigte auf mehrere Gestalten, welche in leisem Gespräche einen Gang durchwandelten, der das Gemach umgab, in das seine Führerin ihn geleitet hatte und nur durch eine niedere Brüstung mit schlanken Säulen davon getrennt war. Das Gemach selbst war nieder, doch geräumig und hatte keine Fenster. Es schien im Mittelpunkt des Hauses zu liegen und war durch den schmalen Gang, der es von allen Seiten umgab, von den anderen Räumen desselben getrennt und damit verbunden. In den Gang mündeten viele Türen, durch welche Luft und Licht aus anderen Gemächern hieher geleitet werden konnten. Jetzt aber waren alle verschlossen und so die Stube vor jeder Berührung von außen geschützt. Der Lichtstrahl, welcher sie erhellte, konnte nicht hinaus dringen und für frische Luft, die ihm von außen Not tat, schien vorher gesorgt worden zu sein; was daran mangelte, war durch Blumendüfte ersetzt. Bunte Girlanden drapierten den offenen Raum, zwischen den Säulen und auf der niederen Brüstung, welche sie trugen, standen Blumentöpfe, wie auch in der Mitte der Tafel, die die ganze Länge des Gemachs durchschnitt, auf der sich in buntgemalten Tongefäßen mächtige Blumensträuße befanden. Die Tafel war mit blendend weißem Linnen bedeckt und blanke Becher und Teller standen darauf. Bänke mit weichen Polstern belegt zogen sich darum her, oben und unten standen breite Lehnsessel. Auch längs der Brüstung waren kleine Bänke und Tische angebracht und auf ähnliche Art hergerichtet wie die große Tafel.

An dem kleinsten dieser Tischchen wies Kunos Führerin ihm einen Platz an und entfernte sich dann.

Der Gang füllte sich indessen immer mehr mit dunklen Gestalten, doch außer Kuno betrat niemand das große Gemach. Auch herrschte eine auffallende Schweigsamkeit unter den außen Umherwandelnden; man vernahm nur leises Flüstern und hin und wieder Töne wie von gewaltsam zurückgehaltenem Lachen. Mehrmals jedoch traf ein flammender Blick aus den dicht zusammengehaltenen Schleiern den Spielmann und auch sein Auge folgte mit brennendem Verlangen den umhüllten Gestalten. Da schlug es Mitternacht, – und ein helles Glöcklein rief zu nächtlicher Andacht. Kaum jedoch war sein letzter Klang verstummt, als es in dem Gange laut wurde und singend und jubelnd die darin Umherwandelnden in das hellbeleuchtete Gemach stürmten. Dampfende Schüsseln und volle Humpen wurden zu gleicher Zeit hereingetragen; – Kapuzen und Schleier fielen zurück und begehrliche Blicke schauten aus lachenden Gesichtern, die kurze, flatternde Haare umwallten oder von einem schmalen Kranz dieses natürlichen Schmuckes umgeben waren. Scherz auf Scherz würzte das üppige Mahl, begleitet von den fröhlichsten Weisen des fahrenden Spielmanns. Feine Hände reichten ihm dafür Trank und Speise, auch zärtliche Blicke lugten keck nach ihm, doch Kuno nippte kaum an dem perlenden Weine, die leckeren Gerichte ließ er unberührt und für die verlangenden Grüße schöner Augen hatte er keine Erwiderung. Sein Blick irrte unstet umher und hing sich zuweilen durchdringend an die verschlossenen Türen, welche in den Gang mündeten – doch keine derselben wollte sich öffnen. – In der Halle wurde die Luft immer rauschender, seine Melodien mischten sich immer wilder damit und rissen die trunkenen Paare in wirbelnden Kreisen um ihn her. Da stahl sich Morgenluft durch die Mauerritzen ein, die Lichter erloschen und es wurde still und leer in dem dunklen Gemache. Nur der Spielmann saß noch hinter dem kleinen Tische, doch auch er war erschlafft, sein Arm hing lässig an seiner Seite herab, die Fidel lag am Boden, sein müdes Haupt auf dem Tische und durch seine Zähne knirschte es dumpf: Gisela – Gisela – dann rührte er sich nicht mehr. War er entschlummert – oder sein Geist in andere Räume enteilt?

Nach einer Weile schlich eine weiße Gestalt, von schwarzem Schleier umhüllt, unhörbar durch den schmalen Gang. Sie trug eine kleine Leuchte, welche eine kaum bemerkbare Helle in dem weiten Gemach verbreitete, das angefüllt mit den Trümmern eines bacchantischen Mahles wüst und öde aussah. Die Nonne näherte sich dem Spielmann und hielt das kleine Licht über sein Haupt. Ihre Augen, die in tiefem Glanz aus der dunklen Umfassung wie zwei prächtige Sterne aus düstern Wolken auf ihn niederblickten, hingen sich einige Augenblicke schmerzlich an ihn, dann fuhr sie sich über das bleiche Antlitz, als wolle sie den Eindruck verwischen, den sein Anblick auf sie machte. Ein bitteres Lächeln verzog ihren schönen Mund, als sie nach kurzer

Pause ihre Hand auf sein Haupt legte und mit dumpfer, doch durchdringender Stimme ihn fragte:

»Warum kommst du wieder, lustiger Geselle?«

Er fuhr empor und starrte sie einige Augenblicke sprachlos an, dann griff er heftig nach dem Stricke, der ihr weißes Gewand zusammenhielt, zerrte daran und murmelte leidenschaftlich:

»Du bist's, Gisela? Doch warum so spät? Warum kommst du erst jetzt, wo der Morgen graut und ich scheiden muss? Ist mir doch, ich höre schon den schlürfenden Tritt der alten Pförtnerin, die mich von hinnen ruft. Drum schnell, ehe es zu spät wird – küsse mich, Geliebte – lasse mich noch einmal dich küssen – küssen – und dann scheiden für immer.«

Er wollte sie an sich ziehen, doch sie bog gebieterisch ihre hohe Gestalt zurück und sagte mit fester Stimme:

»Lasst mich, Kuno. Meine Leidenschaft ist zu Grabe gegangen seit jenen Stunden, die du hier zugebracht. Ich war eine Törin, dich anzurufen, als du singend hier vorüberzogst, und die Pforte dir zu öffnen, welche dich in Geheimnisse schauen ließ, die besser dir verborgen geblieben wären. Du hast erkannt, was aus Gisela geworden, die du geliebt, und hast ihre reine Liebe zur Leidenschaft entflammt, hast sie mit fortgerissen in dem sündhaften Strudel dieses Hauses, das nicht dem Himmel, das der Hölle geweiht ist. Und doch hatte ich mir ein Heiligtum darin bewahrt, ehe ich in dir dem fahrenden Spielmann, Kuno, wiedererkannte, jenen Jüngling, der einst mit süßer Liebe mein Herz erfüllte, und mit holden Worten meinen beschränkten Geist in weite Räume blicken ließ. Sein Bild war der Heilige, zu dem ich betete, zu dem ich um Vergebung flehte nach den Stunden der Sünde, in die Verführung und das jugendlich wallende Blut mich stürzten. Du throntest über mir, ein reiner Stern – ich hatte noch etwas, an das ich glauben konnte – da sah ich dich wieder – sah, dass du mir gleich geworden und ließ von deiner Leidenschaft mich fortreißen. – Mein einziges Glück ging damit verloren. Es wurde ganz öde in meinem Innern –ich hatte keinen Heiligen mehr, zu dem ich beten konnte – keine Stelle in meinem Herzen mehr, die heilig war – das fühlte ich, als du schiedest und beschwor dich, nie mehr wiederzukehren. – Und dennoch tust du es, noch einmal meine Schmach zu sehen: die Himmelsbraut von irdischem Schmutze befleckt. O, du bist grausam, barbarisch! – Deine wilden Lieder, deine lustigen Weisen drangen wie Höllenlust in meine verschlossene Zelle, in der ich seit Monden mit den bösen Geistern meines Lebens ringe. Sie wollen mich immer wieder zur Sünde verleiten, aber meine Tränen, meine Gebete und Kasteiungen bekämpfen ihre höllische Macht. Sieh her, Kuno«, fuhr sie fanatisch fort, indem sie das umhüllende Gewand von ihren Schultern riss, wo Spuren tiefer Wunden sich zeigten, »sieh her, Gisela kämpft ohne Unterlass gegen die Sünde an, sie kasteit und geißelt sich seit der Zeit, wo du eine Gefallene in ihr gefunden.«

»Gisela, Unglückliche!«, rief Kuno tief erschüttert, »dein Geist versinkt in Wahn. Ich will dich retten vor dir selbst. Ich liebe dich – liebe dich noch immer. Entfliehe diesem Hause – folge dem fahrenden Spielmann als Gefährtin durch die Welt, die uns beide misshandelt.«

»Nimmermehr kann dies geschehen«, erwiderte sie melancholisch. »Öffnet sich auch in heimlicher Stunde die Pforte dieses Hauses der Sünde, so doch nie der Freiheit denen, die seine Mauern umschließen. Und was sollte Gisela auch noch in der Welt? Aus der Waldeshütte wurde sie hieher geführt, – damals rief sie vergebens nach dir, – jetzt kannst du sie nicht mehr beschützen, nicht mehr erretten, – draußen wäre sie ganz verloren, hier bleibt ihr die Hoffnung noch, zum Himmel emporzuklimmen –

denn oft schon nahten der Reuigen in stiller, nächtlicher Stunde gute Geister. Wohl haben die Bösen noch die Oberhand, aber ich werde mit Hilfe der guten Engel sie endlich besiegen. Kuno, und dann – dann –«, sie neigte sich näher zu ihm und sprach leise, fast geisterhaft, »dann kann die Gefallene noch eine Heilige werden, gleich jener Magdalene, die der Herr begnadigt hat.«

Kuno sah mit Schrecken auf die bleiche Nonne, in deren Augen ein unheimliches Feuer glühte, deren Hand heiß und zitternd in der seinen lag.

»O, wärest du nie hieher gekommen!«, rief er klagend aus.

»Hast du mich nicht verlassen, als ich in reiner Liebe dir anhing?«, erwiderte sie trübe, dann fuhr sie lispelnd fort, wie von Erinnerungen unwiderstehlich hingerissen: »Als du mir für das alte Weib Kräuter sammeln halfst und die schönsten Blumen mir im Walde suchtest, unter der großen Eiche neben mir saßest und mir schöne Mähren erzähltest, mich lesen und schreiben lehrtest und ich mit dir Lieder sang, dass alle Vögel sich freuten und jubelnd in unsere Weisen mit einstimmten; und du mir deine Jagd- beute brachtest und wir fröhlich in der kleinen Hütte mit- einander speisten, aus einer Schüssel, mit einem Löffel aßen. O, wie das köstlich schmeckte!«

»Ein Göttermahl, Gisela, von süßen Küssen gewürzt«, fiel er ein und umfasste sie feurig; – ihr Haupt lag einen Moment an seiner Brust – dann aber fuhr sie wie in jähem Schrecken empor, stieß ihn zurück und sagte rau:

»Hinweg, Kuno, hinweg – das ist alles längst vorbei. Jahre liegen dazwischen, seit der Himmel uns entflohen und die Hölle sich mit uns verschwistert hat.«

»Noch sind wir nicht ganz ihr Eigentum«, fiel Kuno rasch ein. »Komm, folge mir! Lasse uns mit der Welt und der Hölle kämpfen.«

»Dafür sind wir beide zu sündhaft und zu schwach«, entgegnete sie zerknirscht. »Nur in einsamer Zelle, wenn gute Geister hilfreich uns nahen, können wir noch zum Heil gelangen. Glaube mir«, fuhr sie geheimnisvoll fort, »nach Gebet, nach Fasten und Kasteiungen erschließen sich wunderbare Welten unserem Auge, wir erschauen dann weite, unendliche Fernen voll Engel und goldenen Lichtes und sehen in die schwarze, geheimnisvolle Tiefe, wo die bösen Geister hausen. Sie nahen sich, sie kämpfen miteinander um die Seelen hienieden. Oh, es ist ein schauriger Kampf, – mich reißen sie hin und her, doch ich komme den lichten Höhen näher, immer näher unter Qual und Pein. Drum Kuno, willst du einst Gisela wiederfinden, so gehe in ein Kloster und bete und faste und kasteie dich gleich ihr.«

»Unseliger Wahn spricht aus dir, armes verlorenes Kind«, sprach er schmerzlich erregt und fasste ihre beiden Hände und drückte sie fest an seine Brust. »Zerreiße das Gelübde, das dich an diesen unseligen Ort bannt«, fuhr er flehend fort, »komm, entfliehe mit mir. Wir überraschen die schlaftrunkene Pförtnerin, – ich hülle dich in ein anderes Gewand, – ein Nachen trägt uns von hinnen, – ich beschütze dich, Geliebte.«

»Du mich beschützen?«, entgegnete sie langsam. »Bist du denn noch Kuno vom Berg, der reichen Rittersfrau einziger Sohn, der Erbe der stattlichen Burg? Wohin willst du denn die Nonne führen, dass man ihre Spur nicht entdeckte, du fahrender Spielmann, du vogelfreier Kumpan?«

Kuno bedeckte einen Augenblick sein Gesicht, dann sagte er schnell:

»Lebe wohl; unsere Wege trennen sich für immer.«

Ein schlürfender Tritt wurde vernehmbar. Gisela löschte die kleine Leuchte aus und lautlos, wie sie gekommen, war sie auch entschwunden. Eine ältliche Nonne trat herein und mahnte Kuno, dass es Zeit sei, zu gehen.

»Die Vögel fangen schon an zu zwitschern«, sagte sie.
»Und sie dürfen Euch nicht verraten. Kommt, lustiger
Geselle! – Hübsch reinen Mund gehalten und zieht Ihr
einst wieder vorbei, klopft nur dreimal ans Pförtchen, –
Schwester Martha öffnet es flugs.«

Kuno warf noch einen schmerzlich suchenden Blick in
dem wüsten Raume umher. Doch umsonst, –keine Spur
zeigte sich von Gisela. Jeder Laut schien aus dem Hause
verbannt, in dem noch vor wenig Stunden tolle Lust
gelärmt – es war totenstill, öde, dumpf, unheimlich; – ein
Grauen überfiel den Spielmann und eilends folgte er seiner
Führerin an die geheime Pforte. Er atmete leichter, als die
stärkende Morgenluft ihn umwehte, und je näher er dem
Rheine kam, je weiter der Tagesstrahl die schöne Landschaft ausdehnte und mit dem frischen Kolorite neuer-
wachten Lebens schmückte, desto mehr wich die schwere
Last von seiner Brust, desto elastischer wurde sein Tritt.
Er badete sein Gesicht im Morgentau und schüttelte und
reckte seine Glieder, als wolle er ihnen wieder neue Elasti-
zität geben. Als er an das Schifflein trat, in welchem Lorenz
mit Wangen so voll und rot wie die Gesundheit und Freude
selbst, noch schlafend lag, sah er eine Weile auf den glücklichen Jungen nieder und ein Gefühl von Neid wollte ihn
beschleichen, doch schnell es überwindend schüttelte er
den Knaben und rief heiter:

»Hollah, mein Junge, auf zur Fahrt abwärts, dem sonnigen Rüdesheim zu!«

Der Bube rieb sich die Augen, sprang auf, griff zu dem
Ruder und bald hatten sie die Insel erreicht, wo Johann
und der alte Schiffer ihrer bereits am Ufer harrten. Das
Eiland lag im prächtigsten Grün aus dem schillernden
Wasser, seine uralten Bäume und seine jungen Weidenbü-
sche bewegten sich stärker von dem Wisperwinde begrüßt,
der auch die Wellen höher kräuselte, welche das Schifflein

trugen. So von frischem Morgenwinde angeweht, von frischem Tageslichte angelacht, fuhr der Nachen langsam weiter abwärts den Bergen zu, die sich in einiger Entfernung steil erhoben und ihre dunklen, bewaldeten Gipfel ineinander zu senken schienen.

»Ist es doch, als ob da unten des Stromes Ende wäre und dort, wo die schroffe Ecke vorspringt, ein weiter See sich bilde«, sagte Gutenberg.

»Das mächtige Wasser hat wohl einst sich hier gewaltsam Bahn gebrochen und jene Berge geschieden, die so vertraulich sich zueinander hinneigen«, bemerkte Kuno.

»Aber die spitzen Felsen, des Schiffers Schrecken, hat die Sündflut nicht weggeschwemmt, wenn sie auch die Berge auseinander gerissen hat«, fiel Lorenz ein, der mit weitgeöffneten Augen Kunos Bemerkung verwundert angestaunt und wichtig fuhr er fort: »Die strecken quer über den Rhein ihre spitzen Köpfe heraus, dass es schäumt und sprudelt, als hause ein ganzes Heer wilder Heere zwischen ihnen und braue die schlimmsten Zaubertränke dort.«

»Böse Hexen meinst du hausen im Binger Strudel? Mitnichten, mein Junge, hübsche Nixlein sind's, die verführerisch aus den leuchtenden Wellchen herausschauen, um solch schmucke Jugend, wie du bist, in ihre nassen Arme zu locken.«

»Bedanke mich dafür. Bin zwar gerne bei hübschen Dirnen, doch ohne Gefahr für Leben und Freiheit«, lachte Lorenz.

»Du musst aber sehr auf deiner Hut sein bei dieser ersten Fahrt in die Welt«, warnte Kuno ernsthaft. »Gefahren aller Art bedrohen dabei die Sterblichen, besonders hier auf dem Rheine ist's eine bedenkliche Sache. Hast du noch nichts von der Lorelei gehört und ihren versteinerten Schwestern? Auch ihrer Zaubermacht kannst du im Vorüberfahren an jenen Felsen, die glühende Weiberherzen bergen, erliegen.

Schadenfrohe Gnome reichen zum Verderben der Menschen ihrer verlockenden Zaubergewalt hilfreiche Hand. Guter Junge, kehre lieber um zur sicheren Heimat, denn nächst den überirdischen Gewalten, werden uns auch noch andere bedrohen. Es lauern auf dem schönen Strome gar mancherlei Gefahren des Reisenden, denn sind gleich die Burgen längs des Rheines durch den Städtebund von Raub- zu Schutzschlössern umgewandelt worden, liegt doch noch in jenen Wäldern und Schluchten mancher gefährliche Sitz, aus dem, gleich schwarzen Raubvögeln, geharnischte Männer hervorbrechen, das edle Faustrecht zu handhaben, ehe es vollends zu Grabe geht unter der knallenden Feuerwaffe und der fortschreitenden Kultur.«

»Man hört doch nicht viel mehr von rohen Gewalttätigkeiten aus dem Rheine«, fiel der alte Schiffer mit einem etwas zaghaften Blick auf seinen Enkel ein.

»Nur selten noch. Beruhigt Euch, guter Beildeck«, erwiderte Gutenberg, der den ängstlichen Blick des alten Mannes gesehen.

»Allerdings«, fiel Kuno ein, »erleichtert man jetzt die Schiffe auf einem andern Wege, als dein des Faustrechts. Die Zollstation und das Schutzgeld sorgen schon dafür, dass sie nicht allzu schwer die Fluten drücken. Gar viele Herren wollen den Säckel an den Ufern des Rheines füllen. Vier Kurfürsten strecken die Hände darnach aus und recht bezeichnend ist die interessante Stelle im Rheine, wo sie zur Beratung solcher Dinge zusammenkommen. Jeder bleibt dabei im eigenen Fahrzeuge und mit demselben auf dem ihm gehörigen Wasserreiche sitzen. Zwar haben sie der Bequemlichkeit halber den Königstuhl bei Rhense erbaut, allein dort wird mehr über des deutschen Reichs Weh und Wohl abgehandelt und über sein königliches Oberhaupt, das, wie die Mainzer Erzbischöfe sagen, sie in ihrer Tasche stecken hätten. Inmitten des Rheins, stolz jeder auf seinem Anteil sich befindend, reichen sie sich die Hände zu persönlichem Vorteile und beraten, wie der frei dahin fließende Strom am besten zu bannen sei.«

»Drum heißt es auch wohl an manchen Stellen, das Bannwasser«, fiel der alte Schiffer ein. »Die Rheingrafen schon benannten es seit alten Zeiten so. Sie hatten einst das alleinige Recht der Geleitschaft durch die wilden Gewässer und nur ein von ihnen bestellter Fährmann durfte die Schiffe abwärts steuern. Da ging's noch auf der linken Seite am Binger Loch vorbei; seit nun aber dem Erzbischofe von Mainz vom Kaiser das Recht mehrerer Zollstationen eingeräumt wurde, hat sich die Burg Ehrenfels erhoben und der graue Turm im Rheine. Da wurden dann einige Felsen gesprengt und der schmale Fahrweg rechts gebahnt. Der Mainzer Herr hat sich den besten Anteil zu verschaffen gewusst. Schiffe und Waren müssen nun doppelt bezahlen, denn auch die Rheingrafen wollen ihr altes Recht nicht ganz lassen und tun's nicht ohne eine Abgabe. Hat man rechts den Ehrenfels passiert, wo man Zoll bezahlen muss, so hat man auch noch links Schutzgeld zu entrichten.«

»Handel und Schifffahrt müssen schönen Gewinn bringen, sonst ginge das nicht so«, bemerkte Kuno.

»Noch geht's, Herr Spielmann. Wenn's aber so fortgeht, geht's zuletzt nicht mehr, dann würden die Abgaben bald größer sein als der Gewinn«, sagte der Schiffer. »Doch Herrenrecht ist Gottesrecht«, setzte er ergeben hinzu. »Man darf nicht darüber murren.«

»He, Alter, und du murrst doch? Denn dieses Gottesrecht scheint deinem grauen Schädel nicht allzu sehr zu behagen.«

»Was, mir nicht recht behagen? Was geht das mich an? Gebt dem Kaiser, was des Kaisers ist und Gott was Gottes ist, steht in der Schrift. Schenkt der Kaiser, was sein ist, andern Herren, ist's seine Sache. Wir haben darüber nicht zu murren.«

Kuno wandte sich von dem alten Manne hinweg, setzte sich neben seinen Enkel und plauderte mit diesem.

Gutenberg sah mit sinnendem Blicke in die schöne Landschaft hinein. Am rechten Ufer zeigte sich bereits das sonnige Rüdesheim mit seinen grauen Mauern und Burgen am Fuße seiner steilen Weinberge.

»Ragt nicht dort schon der graue Wächter des Mainzer Erzbischofs hervor?«, fragte Kuno, mit scharfem Blicke den Rhein hinabsehend.

»Ihr täuscht Euch. Das ist nur der untere Turm der festen Binger Burg, die Klopp genannt«, erwiderte Lorenz.

Kuno erhob sich und trat zu Gutenberg. Je weiter der Nachen abwärts fuhr, desto erregter wurde seine Stimmung und sein Auge schien die Berge, welche schnell näher kamen, durchbohren zu wollen.

»Hinter jenem Bergesrücken liegt Burg Ehrenfels«, sagte er zu Gutenberg und fragte ihn, ob er sie schon geschaut; als dieser es verneinte, fuhr er zu erzählen fort: »Es ist eine feste, gebieterische Burg, wie ihre Herren, die die Kaiser in der Tasche stecken haben, und ist ein Lieblingsaufenthalt der Mainzer Erzbischöfe. Da ist schon manches Verhängnisvolle für Deutschland beraten, manches Schlimme und wenig Gutes ausgeheckt worden. Hier haben sie dem wilden Wenzel das Kaiserhandwerk niedergelegt und den braven Ruprecht von der Pfalz damit unglücklich gemacht, der zwölf Jahre die schwankende, angefeindete Krone trug, bis ihre Last ihn zu Tode gedrückt; und auf dieser Burg saß der Mainzer Erzbischof, als nach Ruprechts Tod Sigismund den Rhein hinab zog, um sich in Aachen krönen zu lassen. Er lachte ihm nach, der Bischof auf seinem Ehrenfels droben und dachte: ›Dich hatte ich nicht in meiner Tasche, lustiger Sigismund, drum kannst du auch warten, bis ich dich krönen helfe<, und er ließ ihn bis Koblenz reisen und kam ihm nicht nach; und Sigismund musste wieder stromaufwärts wandern und musste so lange warten mit seiner Krönung, bis er das Konsilium zu Konstanz und noch andere Dinge versprach, die ihm der Erzbischof vorschrieb. Dann reiste er wieder den Rhein hinab und hinter ihm her sein Weib, die böse Barbara. Ach, das war ein Zug, Junkherr! Ich sah von einem hohen Berge auf seine bunte Pracht hinab, sie schaute blendend schön zu mir herauf – ich wollte ihr nach, so sehr zog sie mich an. Damals wallten noch lange Locken um meinen Nacken und Samt und Seide bedeckten meinen Leib. – Doch was schwatze ich albernes Zeug in den Tag hinein? – Die blauen, geheimnisvollen Berge dort unten regen meine Fantasie auf und erfüllen sie mit wunderlichen Grillen, so dass es beinahe aussieht, als wolle ich mich mit vergangenen Dingen beschäftigen, was doch, wie ihr wisst, Junkherr, gar nicht meine Sache ist.«

»Und weshalb nicht? Welchen Wert hätte die Gegenwart, wenn sie nicht mit der Vergangenheit und Zukunft verknüpft wäre?«

Kuno erwiderte nichts hierauf. Er hing sich weit hinaus über den niederen Rand des Kahnes, streifte mit der Hand das Wasser und tändelte damit. Eine längere Pause trat ein.

Da zeigte der alte Schiffer auf eine neu erbaute Kirche und erzählte:

»Dieses Gotteshaus hat der fromme Ritter Brömser erbauen lassen, als er aus Palästina zurückkehrte. Sie ist erst seit wenig Jahren vollendet worden, wie auch das Kloster Nothgottes im Walde dort drüben, zu dessen Gründung den Ritter ein wunderbares Mirakel veranlasste. Der heilige Fund eines Kreuzes und einer Hostie, die beides ein Jude gestohlen und aus Angst begraben hatte, wie die Worte, die dabei aus dem Erdboden kamen: >Nothgottes, Nothgottes!‹, gaben ihm einen sichtbaren Fingerzeig zur Gründung eines heiligen Hauses. Jetzt ist er selber in dem Kloster, der alte Brömser und betet, fastet und kasteit sich. Er ist uralt, wohl an die hundert Jahre, und hat viele fromme Gelübde erfüllt und gute, gottgefällige Werke getan, wie gesagt, Kirchen und Klöster gestiftet; aber dennoch, geht die Sage, kann er nicht sterben, bis der Geist seiner Tochter Ruhe gefunden und dies, meine Herren, wird so bald nicht geschehen, weil der Körper, der ihn getragen, in den Wellen sein Grab gefunden, hineingetrieben von dem Fluche des Vaters.«

»O, mich schaudert«, sagte Lorenz und hielt mit dem Rudern inne. »Warum auch, Ähne, erzählst du gerade jetzt davon, wo die graue Brömserburg eben dort sichtbar wird?«

»In der das schöne Ritterfräulein gelebt, geliebt und schauerlich geendet hat«, fiel der Spielmann ein. »Denn, irre ich nicht, so trug ein Sturmwind sie von der Zinne des Turmes in die Wellen, die er wildbrausend an ihm aufgetürmt.«

»Wisst Ihr etwas Näheres davon?«, fragte der Bube mit dem wissbegierigen Verlangen, das grausige Geschichten trotz allen Schauders stets in jungen Gemütern hervorrufen.

Der Spielmann griff statt der Antwort zu seinem Instrumente, spielte eine melancholische Weise und sang:

»Der Jüngling schifft den grünen Strom entlang
Und zu der Zither tönt sein Minnesang:
›O zeige dich, du Süße, Holde, Feine!‹
Da weht ein Schleier grüßend von der Höh'
Und herrlich, wie des Stroms gepriesene Fee,
Zeigt sich die Jungfrau auf der Burg am Rheine.

141

In nächtigem Dunkel wogt des Stromes Flut,
Da steiget in verschwiegener Liebesglut
Die Maid hinab im stillen Sternenscheine.
Von starkem Arme wird sie kühn umfasst,
Das Schifflein birgt die heißgeliebte Last.
>Jetzt bist du mein, du süße Maid am Rheine.<

Und auf dem Strudel tanzt das Schifflein hin.
Was kümmert's jene, die da drinnen glüh'n
Im seligsten, im feurigsten Vereine?
Ein böser Tag, ach, folgt der süßen Nacht.
Der Vater kehret heim aus mancher Schlacht,
Der finstre Ritter von der Burg am Rheine.

Als Himmelsbraut hab ich am Grab des Herrn
Gelobet dich, du meines Hauses Stern,
Auf dass des Höchsten Gnade dich bescheine!
Schon Morgen wird der Tag der Feier sein,
Der dich der Buße deines Stamms soll weih'n,
O, reine Magd der grauen Burg am Rheine.

Verzweiflung packt die unglücksel'ge Maid,
Sie stürzt zum Strand und klagt der Flut ihr Leid.
>O, dass da unten lägen die Gebeine!<
Da dringen süße Töne ihr ans Ohr
Und Nixenhäupter heben sich empor:
>Wir retten dich, du arme Maid vom Rheine.<

>Wirf ab des Erdenlebens heiße Qual
Und tauche in die Fluten dich einmal,
Wir führen dich in zauberhafte Haine, –
Im Nixenreiche herrscht kein finstrer Wahn,

Dort lebst der Lust und Liebe du fortan!<
Ins Wellengrab stürzt sich die Maid vom Rheine.

Als Schutzgeist steigt sie oftmals aus der Flut
Und mancher Schiffer freut sich ihrer Hut,
Wenn sie sich zeigt im stillen Mondenscheine.
Und wenn zu nah dem Strudel kommt ein Schiff
Und wenn ihm dräuet ein verborgenes Riff,
Dann winkt die Maid der grauen Burg am Rheine.«

»Ja, ja«, setzte Lorenz hinzu, der andächtig dem Gesange gelauscht hatte. »Die Schiffer wissen alle die Geschichte des unglücklichen Burgfräuleins, dessen Geist um die Felsen und an den Ufern des Rheins umgeht und seufzt und stöhnt, wenn ihnen Gefahren drohen und wenn ein Schifflein gar untersinkt, hört man ganz deutlich ihr Jammergestöhne und erblickt ihre weiße, lustige Gestalt inmitten der schäumenden Wellen.«

»Arme Gisela!«, klagte Johann.

»Gisela nannte sich die Unglückliche?«, fragte Kuno aufgeregt. »Und wer war ihr Liebster?«

»Darüber ist ein Schleier ausgebreitet«, erwiderte Johann. »Es sei ein armer Ritter aus dem Nahthale herüber gekommen, sagen einige, andere dagegen meinen, Giselas Geliebter sei ein reicher Handelsmann aus dem Süden gewesen, der alljährig mit einem Schifflein voll kostbarer Waren den Rhein herabgekommen, um sie auf den Burgen und Schlössern zu verkaufen. Einmal nun wäre er nicht weiter gezogen als zu der grauen Brömserburg und das Fräulein habe ihn darin verborgen gehalten, bis ihr Vater das zärtliche Band gewaltsam zerrissen. Sie starb in den Wellen, – wo jedoch ihr Grab sich befindet, ist nicht bekannt. Die Nixen, so erzählen die Schiffer, hätten das schöne Kind in eine ihrer kristallenen Grotten tief unten im Rheine gebettet.«

»Und ihr Vater lebt noch?«, fragte Kuno.

»Als gebeugter Greis in dem Kloster Nothgottes, das er gestiftet hat aus Gewissenspein oder um ein frommes Gelöbnis zu erfüllen.«

Alle schwiegen eine geraume Weile, mit Gisela beschäftigt, dem armen Fräulein aus der grauen Burg am Rheine. Indessen stiegen die Türme derselben immer deutlicher am Ufer auf, einen düsteren Schluss von Rüdesheim bildend, das trotz seiner vielen getürmten Häuser und hohen Mauern recht freundlich und hell dalag im Reichtum seiner Rebenhügel, deren steiniger Boden mit den dicht bewaldeten Gipfeln den segenbringenden Fleiß der Menschen recht anschaulich bekundete, welcher hier in mühevoller Arbeit das edelste Gewächs zu pflanzen und zu pflegen nicht müde wurde. Aber nicht nur durch frühzeitige, vortreffliche Weinkultur zeichnete sich dieser Ort aus, sondern er war auch berühmt durch seine Schifferkunst, die über die hier beginnenden Wassergefahren am sichersten hinwegzusteuern verstand. Damals brauste und schäumte es noch gewaltig zwischen den Bergen. In Wirbeln und wilden Wellen schoss die Flut über Felsen und Sandbänke, welche die Natur in das Bette des Stromes gesenkt. Noch verstand man nicht, diesen Missständen gehörig abzuhelfen, welche man in unserer Zeit so leicht zu heben versteht. Die Fahrt auf dem Rheine von Rüdesheim bis Koblenz war Jahrhunderte hindurch eine höchst gefährliche, bei der man nie versäumte, den Schutz des Himmels anzurufen.

Der alte Beildeck versprach nochmals, Gutenbergs Effekten auf ein gutes und bald abfahrendes Schiff zu bringen und den edlen Junkherr wie auch seinen Enkel dem Besitzer und dem Steuermann desselben auf das Angelegentlichste zu empfehlen.

Gutenberg besuchte indessen nach dem Wunsche seiner Mutter einige Verwandte seines Hauses, die hier ansässig waren. Kuno dagegen war den Tag über nicht mehr zu sehen und man wusste nicht, wo er sich herumtrieb. Am Abend fand ihn Lorenz in einer Schenke vor dem Tore des Städtchens, in welcher viele Bauern aus der Umgegend und auch allerhand herumziehendes Gesindel sich zusammengefunden hatte. Er spielte ihnen Tänze auf, sang ihnen Lieder und erzählte ihnen Geschichten von Kaiser und Reich, von dem Untergange der alten Zeit und dem Anfange einer neuen, – von dem Drucke, der auf ihnen laste, und den Fesseln, die sie abschütteln müssten.

Das rohe Gelärme in der Trinkstube ging nach und nach in ein aufmerksames Lauschen über und als der Spielmann zu erzählen aufhörte und wieder zur Fidel griff, hatten seine Weisen etwas Ernsthaftes. Sie lockten nicht mehr zum Tanze und wurden auch nicht mehr von lustigen Juchhes begleitet. Die ganze Versammlung scharte sich um den Spielmann; man vergaß, dass er zu den vogelfreien Gesellen gehörte und die besten Gäste der Schenke reichten ihm die Hand und nickten ihm vertraulich zu; doch auch ein verdächtig aussehender Bursche mit struppigem Bart und Haupthaar trat zu ihm heran und raunte ihm zu:

»He, lustiger Spielmann, ich möchte dich wohl näher kennenlernen. Wir könnten gute Geschäfte miteinander machen.«

Doch Kuno maß ihn mit verächtlichem Blicke, schüttelte das Haupt und sagte:

»Ich bin nicht, was du glaubst, bin nur ein fahrender Spielmann und habe mit euresgleichen nichts gemein.«

Hierauf verließ er rasch die Schenke. Lorenz, der hinter einem großen Ofen sich verborgen gehalten, folgte ihm nach, holte ihn ein und nahm ihn mit auf das Schiff, welches sie am nächsten Morgen über die Gefahren des Wassers zwischen Bergen und Burgen hindurch weiter abwärts tragen sollte.

8

Der Wind blies stärker als am vergangenen Tage und verhieß bei aufgehissten Segeln eine raschere Fahrt, allein
noch sah man auf dem Schiffe, das Johann und seine
Gefährten trug, keine Anstalten, es in schnelleren Lauf
zu bringen. Vorsichtig, mit gleichmäßigen Ruderschlägen
stieß es von Rüdesheim ab und bewegte sich ungewöhnlich
langsam auf dem grünlichen Wasser dahin und doch zeigte
sich nirgends eine Notwendigkeit dazu. Wohl waren die
Wellen etwas aufgeregt und warfen hin und wieder ein weißes Schaumköpfchen in die Höhe, allein es sah nur aus wie
ein neckisches Spiel des frischen Morgenwindes, nicht wie
eine drohende Gefahr. Dennoch herrschte eine bange, fast
feierliche Stimmung auf dem Schiffe. Die meisten Gesichter der Reisenden hatten einen besorgten Anstrich, selbst
der Steuermann sah ungewöhnlich ernsthaft drein und die
Rufe der Matrosen klangen bestimmter und wurden mit
einer besonderen Wichtigkeit ausgestoßen. Aus einiger
Entfernung drang ein dumpfes Brausen. Dies musste wohl
die gespannte Stimmung hervorrufen, denn der breite
Strom erschien so gefahrlos wie seine Ufer prächtig im
Glanze des klarsten Morgensonnenscheins. Das freundliche Rüdesheim lachte gleichsam dem Schiffe »gute
Fahrt« nach und drüben blickte aus duftigem Schleier, wie
eine reizende Schöne, das Städtchen Bingen den Reisenden entgegen. Seine feste Burg verhieß Schutz, so wie der
graue Turm, der gleich einem riesigen Wächter inmitten
des Stromes sich erhob. Neben ihm eröffnete sich dem Bli-

cke das liebliche Nahthal und über ihm thronte auf dem waldigen Gipfel des Rupertsberges das berühmte Kloster der Heiligen Hildegard. Wundermähren durchzogen das schöne Landschaftsbild und belebten es mit edlen Rittergestalten, mit liebenden Frauen, begeisterten Seherinnen und der spukhaften Schar unzähliger Elementargeister.

Der graue Turm trat immer deutlicher hervor, in dem nach der Sage den Bischof Hatto die Mäuse verzehrten; doch war er wohl nur auf dem kahlen Felsen im Rheine erbaut worden zum wachsamen Vorposten der Burg Ehrenfels, die ihm gegenüber auf steilem Felsabhange ihre festen Türme und Zinnen gebietend erhob und in dem Wasser sich abspiegelnd, gleichsam den Schiffen Stillstand gebot. Jedes Fahrzeug musste hier dem Mainzer Erzbischof seinen Tribut entrichten, – anhalten, sobald es den Gefahren des Binger Loches entgangen oder ihnen aufwärts kommend entgegen ging. Schon sah man die Felsen, gleich drohenden Riesenhäuptern das Bett des Rheines durchziehen, das dumpfe Brausen wurde zu lautem Getöse, die Flut prallte in Schaumwirbeln an den Felsen auf und weit hin um sie her. Nur ein schmaler Fahrweg war hier gebahnt, – wich ein Schiff von ihm ab, war es verloren. Ehe jedoch dasjenige, das unsere Reisenden trug, der gefährlichen Brandung sich nahte, warfen die Matrosen den Anker aus und es blieb in leichtem Schwanken auf derselben Stelle liegen. Der Steuermann und der Herr des Schiffes nahmen jetzt ihre Kopfbedeckung ab und falteten andächtig die Hände. Die Matrosen folgten ihrem Beispiele, – ebenso die Reisenden, um zu der gefährlichen Fahrt des Himmels Beistand anzuflehen. Doch mancher zaghafte Blick wandte sich ängstlich spähend wieder von oben dem brausenden Wasser zu, in dem arge Unholde ihr Wesen zu treiben schienen.

»Auf den Anker und mutig vorwärts!«, rief der Steuermann nach beendetem Gebete. »Mit Gottes und seiner

Heiligen Schutz und eines rüdesheimer Steuermanns Hand kommen wir wohlbehalten unter dem Ehrenfels an.«

Der Schiffer griff zum Steuer, die Matrosen nahmen lange Stangen zur Hand, die Lenkung des Fahrzeuges zu unterstützen. Der graue Turm stand ihnen jetzt gegenüber und alle Unglücksmähren, welche ihn umgaben, tauchten in den schäumenden Wellen, die an ihm anprallten, gleich bleichen Schreckgestalten auf. Die wirbelnden Wogen leckten begehrlich an dem Schifflein und spritzten in funkelnden Perlen ihren Schaum darüber hin, immer und immer wieder versuchend es von der sicheren Fährte abzuziehen. Des Steuermanns Augen öffneten sich weiter, die Rufe der Matrosen wurden lauter. Das Fahrzeug schwankte gefährlich hin und her; – in ängstlicher Spannung erbleichten die Gesichter der Reisenden, nur Kuno lehnte gleichmütig an dem niederen Rand des Schiffes und erst, als die Wellen sein Gesicht bespritzten, beugte er sich mehr nach vorwärts. Da fiel ihm seine Fidel ins Auge und in einem Anfluge von Ironie ergriff er sie und entlockte ihr einige lustige Töne. Ein ernster Blick Johanns traf den Spielmann und das Instrument entsank seiner Hand. Doch wie unzufrieden über diese Unterordnung in den Willen eines anderen, hob er sein Haupt trotzig empor und prüfte mit verächtlichem Lächeln die zaghaften, angsterfüllten oder frommergebenen Mienen seiner Gefährten. Bei dieser Musterung bemerkte er einen Mann in feiner Kleidung, dessen Haltung und Gesichtsausdruck ihn anzog.

Der Fremde sah mit festem Blick in die Brandung hinein und keine andere Spur von Unruhe zeigte sich bei ihm, als dass er mit seinen beiden Händen eine feine, weiße Hand umschloss, wie zum Schutze gegen die drohende Gefahr, und zuweilen sein Auge einen Moment auf ein dunkelgelocktes Haupt fiel, das unbeweglich an seinem Knie lehnte. Kuno erhob sich, diese Gruppe deutlicher zu sehen, die einige umherliegende Gegenstände ihm teilweise verbargen. Das lockige Haupt gehörte einem Knaben, dessen tiefschwarze Augen aufwärts gerichtet des Himmels Schutz anzurufen schienen. Die dunkle Glut dieser Augensterne fesselte Kuno mit unwiderstehlicher Gewalt, gleich einem geheimnisvollen Rätsel, dessen Lösung mit Zaubermacht bannt. – Das Schiff glitt weiter in die Brandung hinein, es hob und senkte sich in raschem Wechsel. Ein Angstschrei ertönte. Der Knabe sah fragend seinen Gefährten an und schmiegte sich fester an ihn. Kuno stürzte rückwärts über die schmale Bank hin und schwankte gefährlich über der niederen Brüstung hin und her, gierig wälzten sich die schäumenden Wellen über seinem Haupte zusammen, die Kappe mit der Pfauenfeder weit fortschleudernd, und schon packten sie ihn fester an, als Johanns Hand ihn den lauernden Nixen des Binger Strudels wieder entriss. Ein warmer Händedruck, ein dankender Blick wurde dem Retter, dann aber schüttelte Kuno sein nasses Haupt und rief unter etwas bitterem Lachen:

»Ich weiß nicht, ob Ihr Dank von mir verdient, Junkherr, denn ich glaube fast, die grünhaarigen Wasserfräulein hätten den Spielmann gut aufgenommen und es ihm vielleicht besser in ihrer kristallenen Grotte da unten behagt als hier aus der Oberwelt, die er als ein Auswurf der Gesellschaft durchwandelt.«

Während er dies sprach, sah er wieder zu dem schönen Knaben hin, der wie in grausem Schrecken sein Gesicht mit beiden Händen bedeckt hielt. Sein Begleiter beugte sich eben zu ihm nieder und flüsterte ihm etwas zu. Da schlug er sein Auge groß auf und es fiel auf Kuno und dieses Auge lächelte mit wunderbarer Anmut ihm zu, als wolle es sein neugewonnenes Leben begrüßen. Wie ein Strahl des Himmels durchzuckte dieser Blick, dieses Lächeln Kunos zerstörtes Gemüt. Er fühlte sein Auge feucht werden, – doch schnell diese Regung bekämpfend, fasste er Johanns Arm und ging mit ihm, trotz den noch immer starken Schwankungen des Schiffes, auf dem Verdecke hin und her.

»Gelobt sei Gott und die heilige Jungfrau!«, rief der Steuermann, seine Mütze schwenkend. »Das Binger Loch ist glücklich passiert.«

Und:

»Gelobt sei Gott!«

»Den Heiligen Dank!«

»Ich werde mein Gelübde halten!«, tönte es diesem Ausrufe von verschiedenen Seiten nach.

Der Herr des Schiffes brachte den Matrosen einen gefüllten Humpen und ein Extrakrüglein dem Steuermann. Dieser leerte es alsogleich in fröhlichster Laune auf das Wohl des Schiffsherrn und der Passagiere und ermahnte sie, es ihm gleich zu tun.

»Denn«, sagte er, »man muss stets die gute Stunde weise benützen. Es kommen noch manche gefährliche Stellen, ehe wir durch die Berge hindurch sind. Da ist die Bank und das wilde Gefährt und da und dort noch ein heimtückischer Wirbel, wo die schlimmen Nixlein ihr Wesen treiben. Sie haben unter dem Binger Felsen ihre Wohnung aufgeschlagen und dort das unergründliche Loch gegraben, wo das Wasser so toll hinabwirbelt; von da führen sie es unter dem Bette des Rheines weiter und werfen es übermütig bald da, bald dort wieder heraus. Es ist halt ihr Zeitvertreib und wenn sie ein Schifflein mit schönen Waren und schmucken Herren erwischen können, da lachen sie, dass man's oben hört und einem die Haut schaudern macht. Doch solche Streiche gelingen ihnen meistens nur in dem Binger Strudel und auch da selten mehr, seit wir Rüdesheimer die Schiffe lenken. Doch denkt jetzt an Speise, Trank und Kurzweil, denn wir bleiben an den Wachtschiffen des Mainzer Herrn wohl ein paar volle Stunden liegen, bis alles abgemacht ist.«

Kuno griff zu seinem Instrumente und spielte einen Tanz auf.

Der schöne Knabe trat zu ihm heran, prüfte ihn aufmerksam mit seinen tiefen Augen und fragte ihn dann in ausländischem Akzent, ob er ein deutscher Minstrel sei.

Kuno schüttelte sein Haupt und erwiderte:

»Ich bin nur ein fahrender Spielmann, schöner junger Herr. Die Minnesänger fangen an auszusterben; es geht ihnen wie dem edlen Rittertum. Nur der unerfreuliche Nachwuchs ist von beiden noch vorhanden.«

Der Knabe begriff ihn entweder nicht oder wollte nicht darauf eingehen. Er ignorierte diese Bemerkung und fuhr fort: »Ihr spielt gut, aber Euer Instrument ist schlecht. Ihr solltet eine Harfe nehmen oder wenigstens eine Mandoline oder Zither, denn gewiss versteht Ihr auch, sie zu spielen.«

»Ich danke Euch für diese gute Meinung, doch vergleicht ja nicht einen fahrenden, deutschen Spielmann mit euren Sängern. Ihr kommt aus Italien, wenn ich nicht irre?«

»So ist's«, erwiderte der Knabe zuvorkommend.

»Ich bin des Kaufmanns Antonio Sohn. Angelo nennt man mich. Venedig ist unsere Heimat. Das dort ist mein Vater, der mir eben zu sich winkt.«

Angelo eilte nach diesen Worten wieder zu seinem Begleiter und in demselben Augenblicke trat auch Gutenberg zu dem Kaufmann, begrüßte ihn höflich und fragte ihn, ob er nicht Signor Antonio aus Venedig sei.

»Der bin ich, edler Junkherr. Woher kennt Ihr mich?«, antwortete der Kaufmann.

»Ach, wohl erinnert Ihr Euch meiner nicht mehr, denn es sind jetzt gerade zehn Jahre her, seit ich Euch bei Meister Helferich, dem Mainzer Goldschmied, traf. Ich war damals noch ein Knabe, Margarethens Spielkamerad, die Euch keine Ruhe ließ, bis Ihr uns von dem schönen Venedig erzähltet.«

Antonio dachte einen Augenblick nach, dann reichte er Johann die Hand und sagte freundlich:

»Ja, ja, ich erkenne Euch wieder. Ihr seid jener blasse Knabe, der mir so andächtig zuhörte. Es war eine Freude, Euch zu erzählen. Doch sagt, wie geht's dem alten Helferich und seinem schönen Kinde? Ich war seitdem nicht mehr bei ihnen. Meine Geschäfte in Deutschland nahmen damals ihr Ende, ich schloss sie bei jener Reise ab. Jetzt treibt mich eine ganz besondere Sache nach den Niederlanden und meine Zeit erlaubte mir nicht, mich in Mainz zu verweilen, sonst hätte ich wohl nachgesehen, wie groß und schön des Goldschmieds Töchterlein geworden ist.«

Johann teilte dem Kaufmanne von den Ereignissen in seiner Vaterstadt so viel mit, als sie auf das, was Antonio zu wissen verlangte, Bezug hatten. Sie wurden bald wie alte Bekannte vertraut miteinander und erzählten sich mancherlei aus ihrem Leben. Der Knabe jedoch hörte ihnen nur zerstreut zu. Bald war er unten, bald oben auf dem Verdecke und zeigte überhaupt eine ungemeine Lebendigkeit, nur zuweilen sah er etwas träumerisch in die klare Flut hinein oder an den Bergen empor, deren Burgen und Klöster, deren Weinpflanzungen und dichtbewaldete Abhänge eine gar schöne Abwechslung boten und von mancherlei abenteuerlichen Geschichten erzählen wollten.

Johann teilte indessen dem Kaufmann mit, dass sein Weg ihn auch nach den Niederlanden führe und er drückte seine Freude aus, nun einige Zeit mit ihm zusammen zu reisen. Antonio dagegen erzählte ihm von seinen Geschäften dort, die in Einlösen von verpfändeten Kleinodien bestanden, welche Kaiser Sigismund bei seiner Rückkehr aus England, wohin ihn seine unersättliche Reise- und Vergnügungslust getrieben, einst dort versetzte und teilweise nicht wieder hatte einlösen können.

»Ich habe eine schöne Summe dafür hingegeben«, erörterte Antonio, »denn der deutsche König ist in ewiger Geldnot, gleich seinem Freunde Friedrich mit der leeren Tasche,— und will nun sehen, ob ich ein gutes oder ein schlechtes Geschäft gemacht habe. Ich hätte es wohl nicht übernommen, denn mein Vorsatz war, Deutschland nicht mehr zu betreten, allein meines Kindes heiße Sehnsucht, die Ufer des Rheines zu sehen, veranlasste mich dazu. Dieses Kind, Junkherr Gutenberg, ist mein größter Schatz, der einzige, den mein Herz noch besitzt – ihm zu Liebe tue ich alles.«

Neben einem glücklichen Lächeln zog ein trüber Schatten über Antonios Antlitz. Sonne und Wolken kämpften darin um den Sieg; doch die erstere trug ihn davon, als Angelo zu dem Vater herantrat und sich einen Augenblick an ihn anschmiegte.

»Seid mein Gast bei einem einfachen Mahle, wie man es eben hier bereiten kann«, bat der Kaufmann den Junkherr.

»Ach ja«, stimmte Angelo ein. »Und dann, Junkherr Gutenberg, holt auch den dazu, dem Ihr vorhin das Leben gerettet.«

»Den Spielmann?«, fragte Johann, einen zweifelnden Blick auf Antonio werfend.

»Es ist ein deutscher Minstrel, Vater«, fiel Angelo schnell ein. »Er kann uns die Zeit verkürzen durch Lieder und Erzählungen und was sein Kleid anbelangt, werde ich ihm später begreiflich machen, dass ein schwarzer Samtrock seiner hellen Gesichtsfarbe besser stehen würde als die bunten abgeblassten Lappen. Haben ihm die Wellen doch schon seine sonderbare Kappe geraubt – das schlechte Habit mag dieser nachfolgen. Einstweilen, lieber Vater, stört es uns nicht. Sage, der Spielmann soll unser Gast sein.«

»Wenn es dir Freude macht, Angelo, warum nicht? Bringt ihn uns denn, Junkherr Gutenberg. Ihr kennt ihn wohl genauer, da er an Eurer Seite das Schiff betrat.«

»Er ist mein Reisegefährte und viel besser als sein schlechtes Kleid, ein ganz anderer, als sein verachtetes Gewerbe bekunden will.«

»O, so holt ihn schnell, das Mahl wird gleich bereit sein«, rief Angelo mit südlicher Lebendigkeit. Dann erteilte er einige Befehle zwei Dienern, die sie bei sich hatten.

In wenigen Minuten war ein kleines Zelt auf dem Verdeck aufgeschlagen, ein Tisch und vier Stühle darunter gestellt. Angelo selbst half den Tisch herrichten, bedeckte ihn mit einem bunten Teppich und legte, für einen Knaben mit bewundernswürdiger Zierlichkeit, ein weißes Tuch darüber, stellte blinkende Teller, welche einer der Diener ihm reichte, und silberne Becher von schöner Arbeit auf. Der kleine Tisch zeugte von Reichtum und Geschmack und von einem an luxuriöse Bequemlichkeit gewöhnten Leben, das seine Bedürfnisse überall zu befriedigen versteht. Auch für Speise und Wein war hinreichende Sorge getragen. Die Diener trugen auf und Angelo übernahm mit scherzenden Worten das Amt der Hausfrau und legte den Gästen vor.

Kunos schlechtes Kleid passte nicht zu diesem Tische, nicht in diese Gesellschaft, allein sein stolzer Blick wie sein Benehmen, die nichts von dem fahrenden Spielmann verrieten, glichen diesen Missstand aus. Er blieb jedoch auffallend schweigsam. Der Kaufmann nahm dies für die Befangenheit eines armen Mannes im Kreise reicher Leute und war recht zuvorkommend gegen ihn. Auch Angelo überhäufte ihn mit Aufmerksamkeiten, vielleicht aus demselben Grunde und schenkte seiner Unterhaltung mehr als der seines Vaters und Johanns Gehör.

Der Kaufmann frug den Junkherrn, was ihn nach Holland führe.

»Ich will den Fleiß der Gewerbetreibenden dort näher ins Auge fassen«, erwiderte er. »Und prüfen und erwägen, ob es mir nicht frommen kann.«

»Wie? Versteh' ich Euch recht?«, fragte der Kaufmann verwundert. »Ihr von adeliger Herkunft tragt darnach Verlangen? Da müsst Ihr aber zuvörderst die goldene Kette ablegen, die Euren Mantelrock schmückt, wie das Schwert an Eurer Seite, das Eure Abkunft verrät. Nur dann werdet Ihr mit dem rechten Verständnis die Arbeit verfolgen können und ihren Wert beurteilen lernen, denn nur dem Zunftgenossen öffnen sich ohne Misstrauen ihre Werkstätten; nur als Geselle könntet Ihr so recht in das gewerbliche Treiben Euch hineinversetzen.«

»Mein Sinn ist hauptsächlich auf eines gerichtet, Signor Antonio. Doch lassen wir das vorerst; –glauben aber dürft Ihr, dass, um es zu erreichen, kein Kleid mir zu gering wäre.«

»Selbst vielleicht das meine nicht«, fiel Kuno ein.

»Das Eure sicher«, mischte Angelo sich ein. »Es steht Euch schlecht, Meister Kuno, und mich will bedünken, ein anderes passte Euch viel besser.«

»Dank für Eure gute Meinung, schöner junger Herr«, erwiderte der Spielmann. »Aber seht, nur dies eine Kleid ist mein Eigentum, drum lege ich es nicht ab; – auch war es mir lieb bis heute – heute, offen gestanden, geniert es mich etwas. Das macht, weil Ihr darauf schaut und vielleicht auch, weil es hier an der Schulter noch so durchnässt ist von den heimtückischen Wellen des Binger Strudels.«

»Mein Gott, warum sagtet Ihr das nicht gleich. Nehmt doch ein Kleid von meinem Vater, – tragt es wenigstens, bis das Eure getrocknet ist.«

»Nein, nein, die warme Sonne wird es schon trocknen. Tausend Dank, holder Herr! Den fahrenden Spielmann dürfen weder Nässe noch Kälte genieren. Es fängt auch schon an, mir wieder wärmer und behaglicher zu werden.

Ihr sollt es gleich sehen, meine frohe Laune kehrt wieder und der Spielmann singt Euch ein Lied und spielt Euch etwas auf, sobald Ihr's begehrt.«

»Nur, wenn Ihr wollt; – nur dann«, sagte Angelo, »fällt Euch eine schöne Geschichte ein, die sich hier herum zugetragen, so bitte ich darum, erzählt sie mir. Ich höre so gerne, was an den Ufern des Rheines geschehen, – es klingt so rührend, so ergreifend. Zuweilen schon«, setzte er flüsternd hinzu, »hat mir der Vater davon berichtet; doch hernach wurde er immer traurig, so dass ich ihn nicht mehr darum bitten mag.«

Kuno versank in Nachdenken. Angelo sprach auch nichts mehr, während sich Antonio und Johann immer eifriger miteinander unterhielten.

»Kommt nur einmal nach Venedig, Junkherr Gutenberg«, sagte der Kaufmann. »Führt Euren halbgefassten Vorsatz aus, durch Frankreich nach dem Süden hin ein Stück Welt zu durchwandern. Ihr könnt viel sehen und lernen in der mächtigen Lagunenstadt und dann ja findet Ihr jetzt auch ein Haus dort, das Euch mit Freuden seine Türe gastlich öffnet. Fragt nur nach dem Kaufmann Antonio und nehmt bei ihm vorlieb. Dann sollt Ihr schauen, wovon zu hören Euch als Knabe schon so sehr interessierte, ja weit schöner und besser noch, als ich berichten konnte. Industrie und Kunst schreiten voran trotz Streit um Kaiser und Papst, denn sie fußen auf die Kraft der Arbeit, welche für ihre Werke immer wieder eine Friedensstätte findet, denn sie ist die unendliche, ausdauernde, unverwüstliche Quelle alles bessern Lebens, der feste Kitt, der das, was auseinander fallen will, immer wieder verbindet.«

»Ihr habt Recht, Signor Antonio, und ich füge hinzu: Auch die Wissenschaft wird einst noch durch die Kraft und Ausdauer der Arbeit ihren festesten Grundstein finden, Mühe und Fleiß, der Hände Werk, zu des Gedankens

Stütze machen, wie der Gedanke die ihre ist. Glaubt Ihr nicht auch, Signor Antonio«, fuhr er erregter fort, »dass ein Weg zu finden wäre, wo der Gedanke durch der Hände Arbeit in schneller Weise, tausend- und abertausendfältig, gleichsam verkörpert werden könnte und so die Ideen bevorzugter Geister – das ganze Gebäude der Wissenschaft, die Theorien der Kunst, kurz die Kunde aller höheren und besseren Einsicht – pfeilschnell die Welt durchzögen, um an jeder Türe anzuklopfen. Alles würde dann eine andere Gestalt gewinnen, – der mühsame Fortschritt zu raschem Laufe, die Finsternis zum Lichte sich entfalten, zur Leuchte eines neuen Zeitabschnittes.«

»Wohl wahr«, erwiderte der Kaufmann nachsinnend. »Doch«, setzte er lächelnd hinzu, »solche geistige Mechanik ist nicht erfindbar, – sie steht über der menschlichen Kraft.«

Johann erwiderte nichts hierauf.

»Ihr sinnt und sinnt, Meister Spielmann«, klang jetzt etwas ungeduldig Angelos Stimme, als Kuno in seiner nachdenkenden Stellung verharrte. »Will Euch denn gar keine Mähre einfallen? Man sollte doch denken, dieser schöne Strom, diese Berge, diese Burgen und Klöster müssten gar viele rührende Geschichten beherbergen.«

»Das wohl, – doch sind es fast immer dieselben, holder Angelo«, erwiderte Kuno, einen tiefen Blick in des Knaben dunkle Augen werfend. »Alle die Mähren, welche aus früheren Jahrhunderten wie auch aus unserer Zeit hier umgehen, sprechen von Liebesweh und Liebesglück, von Teufelslist und himmlischer Gnade, von Rettung aus schweren Gefahren, von Raub und Mord. Zwischendurch spuken die Nixen des Rheines und eine Unzahl anderer böser und guter Elementargeister.«

»Ei, sieh doch«, rief Angelo, freudig die Hände zusammenschlagend. »Ist denn das nicht poetischer Stoff genug zu tausend und abertausend Geschichten? Drum nur rasch begonnen, Meister Spielmann. Lasst hören, wie weit Eure Dichtergabe ausreicht. Erfindet flugs etwas, wenn Euch keine wahre Geschichte einfällt.«

»Der wahre Dichter schöpft aus dem wirklichen Leben. Nicht so, schöner Herr? Und waffnet seinen forschenden Blick mit dem bunten Glase der Fantasie und was er durch dieses erschaut, taucht er in die Farben seines eignen Selbst, seiner Freuden oder auch in das hinströmende Blut seines wunden Herzens. Wollt Ihr eine solche Geschichte von mir hören, so lauscht. Ein Freund hat sie mir einst gefunden, als er sterbend seinen Schmerz der Seele des fahrenden Spielmanns vermachte, eine schlimme Beigabe zu seinen lustigen Fahrten.«

»Erzählt, ich bitte Euch darum«, sagte Angelo mit etwas erblasster Wange, doch verlangendem Blicke und Kuno begann:

»Fern von diesen Ufern lebte eine wunderschöne Maid. Ihr Haar war golden wie das Licht des Tages, ihre Augen dunkel wie die Nacht, doch strahlend wie ihr schönster Stern und ihre Wange war so rosig, als hätte Amor sie ins Morgenrot getaucht. Was ihre Lippe sprach war klug und süß dabei wie Himmelsbrot, ihr Kuss so feurig, so selig berauschend wie der Nektar. Ein Ritter von edlem Stamme sah die schöne Maid und liebte sie. Er schwur ihr ewige Treue. Sie glaubte ihm, weil sie ihn wieder liebte und folgte ihm in heimlicher Stunde zum Altare. In heimlicher Stunde, – denn sie war ein armes Mägdlein, eines Gelehrten Kind, der ihr vieles aus seinen Büchern erzählt hatte, doch nichts von der Welt und ihrem Getriebe, das er selbst nicht verstand, noch weniger aber die Liebe, die seines Kindes Herz erfüllte. Sie entfloh mit dem angetrauten Geliebten, ein hingebendes, willenloses Weib. Er brachte sie in ein entlegenes Waldschloss – schied von ihr – kam wieder – und ging abermals. Wie lange sie dabei glücklich blieb – ob der Ritter selten oder häufig sie zu besuchen kam, davon erzählte mein Freund mir nichts. Zwei Kinder, ein Knabe und ein Mägdlein erblühten aus der Mutter Schoß. Des Vaters Bild verwischte sich in dem Herzen der beiden, da sie ihn, als sie mehr zum Bewusstsein heranreiften, nicht mehr sahen. Wohl erzählte ihnen die Mutter von ihm, dass er zuweilen in der Nacht komme und sie im Schlafe küsse, dann aber sagte sie, er sei weit fortgegangen in ferne Länder, in den Krieg – und dann sprach sie nichts mehr von ihm. Fragten in späterer Zeit einmal die Kinder nach ihm, so weinte sie; – drum frugen sie immer seltener und das Mädchen sagte eines Tages zu dem Knaben: ›Unser Vater wird im Kriege umgekommen sein; lass uns für seine Seele beten, doch nimmer die Mutter um sein Geschick befragen.‹ Da beteten die Kinder für des Vaters Seele und weinten auch um ihn – doch Kindertränen trocknet ein Luftzug, denn Frohsinn ist das Element ihres Lebens und welches Kind könnte traurig bleiben und forttrauern um einen so wenig gekannten Vater, wenn mit der zartesten Sorgfalt die Mutterliebe sein Leben beglückt. Die beiden vaterlosen Waisen waren glücklich – sie empfanden nicht, dass ihnen der Kuss ihres Erzeugers fehlte, da die Zärtlichkeit der Mutter jeden ihrer leisesten Wünsche erriet und befriedigte. Sie unterrichtete die Kinder in vielen Dingen, sie lehrte sie lesen und schreiben in mehreren Sprachen, die Harfe spielen und Lieder singen und die Dichter großer Völker verstehen. Ein Mann von stattlichem Äußeren, geübt in ritterlichen Künsten, war ihr Schützer und Schirmer an dem einsamen Orte. Er lehrte den Knaben das Schwert führen, unterwies ihn in der Weidmannskunst und im Zügeln des wildesten Rosses. Doch der Knabe liebte den Unterricht der Mutter mehr. Die Künste, welche sie ihn lehrte, waren ihm eine teurere und liebere Unterhaltung in seiner Einsamkeit. So wuchs er heran bis zu der Zeit, wo er den ersten Flaum auf seiner Lippe spürte – da fing es an, ihn nach der Welt zu verlangen, welche die weite Einöde eines Waldes von ihm abschloss.

>Lass mich aus dem Walde hinaus, in die Welt hinein<, sagte er zu seiner Mutter.

>Auch ich denke, dass es Zeit dazu wäre<, antwortete sie mit traurigem Tone und setzte nach einer Weile mit unterdrückten Tränen hinzu, >doch erst muss ich Kunde haben, auf welche Weise es geschehen kann. Gedulde dich drum noch eine kurze Frist.<

Am anderen Tage verließ ihr Beschützer das Haus und kehrte erst nach einigen Monden wieder. Man sah ihm große Eile an und nach kurzer Unterredung mit der Rittersfrau rief sie die Kinder zu sich und sagte: >Wir sind hier gefährdet und müssen schnell von hinnen ziehen – heute Nacht noch. Doch seid getrost, ein freundlicherer Aufenthalt erwartet euch.< So zogen sie fort, von einigen ihrer Diener begleitet, durch Wälder, durch Täler, durch weite Ebenen, über Berge und Flüsse, bis sie in einem schönen Lande ankamen, das ein breiter Strom durchzog. Hier, an seinen Ufern erhob sich ein steiler Berg mit einer grauen Burg. >Siehe da hinauf, es ist das Stammschloss deiner Väter<, sagte die Mutter mit feuchten Augen zu dem Sohne. >Dort werden wir fortan wohnen. Da kannst du weit in die Welt hineinschauen und deine Jugend an Freuden ergötzen, die dir bisher fremd geblieben sind.<

Die Burg war nicht groß und nicht wohnlich, doch dem jungen Erben gefiel sie ungemein. Er war stolz, ihren Namen zu tragen und glücklich, von ihrer Zinne weit hinaus schauen zu können in eine herrliche Landschaft. Auch wurde ihm jetzt der Umgang mit seinesgleichen gestattet. In der Nähe der Burg hatten viele edle Geschlechter ihren Wohnsitz. Er verkehrte mit ihnen und fand Freude im Umgange mit Altersgenossen. Das Mädchen blühte indessen zur schönsten Blume auf; ein Ritter warb um ihre Liebe, um ihre Hand und sie erwiderte diese Liebe mit aller Hingebung eines jungen, unerfahrenen Herzens. Der Jüngling fand indessen in einer romantischen Leidenschaft ein süßes Glück. Es war eine Nymphe des Waldes, welche sein Herz gefangen nahm. So gingen glückliche Stunden, Tage, Monate, Jahre hin. Da kam eines Tages ein prächtiger Zug am Fuße des Berges vorüber und bewimpelte Schiffe bedeckten den Strom. Die Geschwister sahen von der Zinne der Burg darauf nieder und ihre Mutter trat zu ihnen und sagte mit hochaufwallender Brust:

>Meine geliebten Kinder, da unten zieht auch euer Vater vorüber. Doch er kehrt bald zurück und dann – dann endlich, so hoffe ich zu Gott, wird der Augenblick da sein, wo er sich für immer mit uns vereint.<

>Unser Vater lebt noch?<, fragte der Sohn voll Staunen, während die Tochter stille Tränen weinte.

>Warum denn blieb er uns fern, wenn er nicht gestorben?<

>Zürnt ihm darob nicht!<, flehte das milde Weib. >Ein schweres Geschick trägt die Schuld. Er soll es euch selbst erklären.<

>Lass mich ihm nacheilen, Mutter, ich werde ihn erkennen aus Tausenden<, rief der Sohn und wollte davonstürmen, – doch sie hielt ihn zurück und sagte:

>Das darf nicht geschehen. Nach kurzer Zeit kehrt euer Vater bei uns ein, um euer Geschick zu bestimmen, und so es der Himmel will, sich auf immer uns zu vereinen. Fragt mich jetzt nicht weiter darum. Betet mit eurer Mutter, dass alles zu unserem Wohle sich löse.<

Die Kinder, welche bisher so glücklich gewesen, durchzog plötzlich eine bange Empfindung. Sie hatten den totgeglaubten Vater mit Liebe im Herzen getragen – der wieder lebendig gewordene stand wie ein halbes Schreckgespenst vor ihnen.

›Wird er meine Liebe segnen?‹, frug sich ängstlich das liebende Mädchen – und: ›Was soll mein Geschick werden?‹, sprach mit halbem Ingrimm der Jüngling zu sich. ›Kennt der Fremde doch nicht das Verlangen deiner Seele.‹

Beide wurden still und nachdenklich. Auch der Mutter Antlitz, obgleich es oft plötzlich in heller Freude aufleuchtete, erbleichte täglich mehr. Selbst ihr Beschützer, der sie nie mehr verlassen, seitdem er sie hieher geleitet, verriet eine Unruhe, die man früher nie an ihm bemerkt. Mehrere Wochen gingen so hin, – der stattliche Zug wollte noch immer nicht kommen, der Vater immer noch nicht einkehren bei seinem Weibe und seinen Kindern, – da, in einer dunklen, sternenlosen Nacht, wurde es plötzlich laut vor den Toren der Burg.

›Euer Vater kommt‹, rief die Mutter und fasste beide Kinder an der Hand und zog sie fort dem Kommenden entgegen.

Wie von einer höheren Macht gehoben, schwebte sie kaum den Boden berührend der geöffneten Pforte zu, hohe Wonne und tiefe Klage zugleich in ihrem bleichen Angesichte, – Angst, Schmerz und Entzücken in der Mutterbrust.

›Meine Kinder, euer Vater ist es‹, war alles, was sie zu sprechen vermochte.

Doch statt seiner trat eine Frau herein, mit kaltem, bösem Angesicht und warf einen Blick voll Hohn und Hass auf das erschrockene Weib und ihre Kinder. Geharnischte Ritter folgten ihr und ein Mann in schwarzem Kleide trat an ihre Seite und sprach:

›Ich spreche der Kirche Fluch über dich aus, Bertha Baldenheimer, du Kebsweib eines Ehemannes, du freche Buhlerin des angetrauten Gatten dieser edlen Dame!‹

›Wo ist er, wo ist mein Gatte?‹, stammelte die so schwer Beschuldigte in Todesangst. ›Wo ist Ritter Hugo vom Berg?‹

›Der steht hier‹, lachte die hässliche Frau und zeigte auf den Beschützer der Unglücklichen, der bleich und zitternd neben ihr stand.

›Er lieh als treuer Diener seines Herrn seinen Namen deiner Schande‹, ergänzte der Mann in dem schwarzen Kleide. ›Doch was erbebst du? Hast du denn nicht gewusst, wessen Buhlin du bist und noch zu sein begehrst?‹

Die Arme stand sprachlos da, in grausiger, namenloser Verwirrung. Ihr Sohn aber stürzte auf den Priester und die Frau zu, beide zu packen, sie aus der Burg und die steile Anhöhe hinabzuschleudern, – doch starke Arme hinderten ihn daran und fesselten die seinen. In ohnmächtiger Wut wälzte er sich am Boden.

›Ist es wahr, was die da sprechen?‹, stammelte das bleiche Weib, verzweiflungsvoll ihren seitherigen Beschützer anstarrend.

›Es ist so‹, bestätigte er niedergeschlagen. ›Doch glaubt, nicht meine Schuld ist es, dass es so endet. Euer Herr wollte es Euch selbst verkünden und Eure Zukunft wie die Eurer Kinder weislich bestimmen. Schon lange wurde Euch nachgestellt, drum flüchtete ich Euch hieher auf die Burg meiner Väter.‹

›Schande über dich, Hugo vom Berg, dass du so deinen edlen Namen beflecktest, um als allzu getreuer Diener eines Höheren die Schmach dieser Elenden zuzudecken‹, rief die Dame voller Wut und Verachtung.

Ihr unglückliches Opfer drohte zu sinken. Der Ritter hielt sie in seinen Armen aufrecht und bat sie, ihm zu vergeben – er wolle seine Schuld an ihr sühnen – sie solle auch fürder seinen Namen tragen, sich ihm vermählen, er liebe sie und sei bereit, ihren Kindern fortan Vater zu sein.

Das bleiche Weib antwortete nichts. Sie war unfähig zu sprechen, nur Blicke voll Entsetzen hatte sie noch für diese Schreckensszene.

Ihre Feindin weidete sich mit höhnischer Freude an ihrem kläglichen Anblicke, dann sprach sie gebieterisch zu dem Ritter:

>Ihr glaubt wohl gar, ich werde Euren großmütigen Vorschlag dulden, nachdem ich hieher gekommen, um sie zu vernichten? Werde Euer falsches Spiel noch länger zugeben? Weiß ich doch, dass er sie hier aufsuchen will und diesen Bastard in seinem Gefolge mit sich führen. Aber, nimmermehr geschehe solches. Mit ihr in ein Kloster, – über diese Kinder der Bannstrahl der Kirche, Schande über Euch, Hugo vom Berg, und diese Burg, die Ihr verunehrtet, sie falle in Trümmer. Nehmt das Weib!<, befahl sie ihren Knechten, >nehmt sie und schleppt sie von hinnen. Dieses Mädchen stäubt aus und jagt es in die Wälder – und diesen Bastard hier, der so unsinnig sich gebärdet und flucht und droht, werft in das Verließ der Burg, ihre Mauern stürzen über ihm zusammen.<

Ein furchtbarer Schrei, ein erschütternder Jammerruf, erscholl nach diesem grässlichen Befehl und die bleiche Frau erhob sich und stand riesengroß vor ihrer Feindin und rief des Himmels Fluch auf sie hernieder. Kaum jedoch hatte sie geendet, als ein Blutstrom ihrem Munde entquoll und über das kostbare Gewand ihrer grausamen Feindin hinfloss, dann stürzte sie tot vor derselben nieder. Schrecken zeigte sich in allen Gesichtern. Der Sohn, plötzlich wie mit übermenschlicher Kraft begabt, zerriss seine Bande, hob die tote Mutter empor und hielt die blutbefleckte Leiche drohend der Mörderin entgegen.

Sie floh entsetzt vor diesem Anblicke, – ihr Gefolge ihr nach, den Ritter und die Diener der Burg mit sich fortreißend. Die verzweifelnden Kinder blieben allein bei der

Leiche ihrer Mutter zurück. Nach einigen Stunden kehrte eine Anzahl der Geflohenen wieder, zerstörten die Burg, entrissen die Tote den Kindern und scharrten sie auf öder Heide ein. – Vor dem wahnsinnigen Sohne wichen sie scheu zurück. – Das arme Mägdlein hatte sich in den Wald geflüchtet. – Die Geschwister sahen sich nicht mehr. – Nach Monden der Raserei suchte der Sohn das Grab der Mutter auf. Er hoffte die Schwester dort zu finden, doch sie war spurlos verschwunden. Allein die Tränen, die er an der heiligen Stätte wiederfand, milderten die Nacht des Wahnsinnes, die ihn umfangen. Das junge Leben regte sich wieder in seiner Brust und rang gegen seine gänzliche Vernichtung. Von sonniger Höhe in den schwärzesten Abgrund geschleudert, suchte das zerstörte Dasein dennoch wieder einen Lebenshalt.«

Kuno hielt plötzlich inne.

»Die Geschichte ist zu Ende«, murmelte er dumpf und sein Haupt fiel tief auf seine Brust hinab, welche schwere Atemzüge hob und senkte.

»Und hat der Unglückliche wieder einen festen Halt des Lebens gefunden?«, fragte Angelo leise, sich zu Kuno niederbeugend. »Sagt uns das noch, sagt, dass er wieder genas von seinem großen Schmerze – oder doch wieder genesen wird, ganz genesen.«

Kuno starrte Angelo eine Weile an, dann sprang er auf und rief schaudernd:

»Gisela! O, warum auch diese Erinnerung noch, – fort – fort – Angelo, deine Augen machen den Armen wieder wahnsinnig.«

Er stürzte hinweg – und verschwand unter dem Decke des Schiffes.

»Der Unglückliche hat wohl seine eigne Geschichte erzählt«, sagte Angelo tief erschüttert.

»Ich fürchte, es ist so«, bestätigte Johann trübe.

»Dem armen jungen Manne muss eine nützliche Beschäftigung werden«, schaltete der Kaufmann ein. »Denn eine solche nur vermag ihn zu retten.«

Angelo warf einen bittenden und vertrauensvollen Blick auf seinen Vater und sagte:

»Du wirst dich seiner annehmen? Nicht wahr, guter Vater?«

»So er meinen Rat und meine Hilfe nicht verschmäht. Doch werde wieder heiter, mein Kind. Lass das Geschick eines Fremden dein Herz nicht zu tief berühren. Siehe dich um und erfreue dich an der schönen Fahrt. Dass du mir ja kein trübes Bild von dem Rheine mit in die Lagunen nimmst.«

Eine tiefe Furche zog sich bei diesen Worten über Antonios Stirn und mit Besorgnis sah er auf den schönen Knaben, dessen Auge in Tränen schwamm. Eine unbezwingliche Unruhe machte sich bei dem Kaufmann bemerkbar, – ängstlich schlang er den Arm um den Nacken seines Kindes und drückte das geliebte Haupt voll Zärtlichkeit an seine Brust, indem er in rührendem Tone flehte:

»Keine Tränen, Angelo! O, keine Tränen. Ich kann sie in deinen lieben Augen nicht sehen. Sie sollen nur Freude strahlen. Hörst du, teures Kind, nur glücklich will dein Vater dich sehen.«

»Ich bin es ja, mein guter, lieber Vater«, rief der Knabe, ihn leidenschaftlich umschlingend, während ein Tränenstrom unaufhaltsam über seine Wangen stürzte.

Antonio versuchte die Tränen hinweg zu küssen von dem holden Angesicht seines Kindes und mit den zärtlichsten Liebesnamen seine stürmische Aufregung nieder zu kämpfen und ruhte nicht, bis Angelo wieder lächelte. –

Kuno wurde auf dem Verdeck des Schiffes nicht mehr gesehen. –

9

Als die Sonne hinter die Berge sank, landete das Fahrzeug zum Übernachten und auch um Geschäfte abzumachen an Looch, dem Grenzorte des Rheingaues, den das hier auslaufende Wispergebirge umschloss und im Vereine mit dem künstlichen Schutzwalle, dem Gebücke, sich jedem gewaltsamen Eindringen von dieser Seite entgegenstellte. Dieser Grenzort war einer der bedeutendsten Orte des Rheingaues und wurde, gleich Eltville, schon frühzeitig zu einer Stadt erhoben. Es vereinigte sich vieles Günstige, um sie zu schnellem Reichtum und Ansehen zu bringen. Der Weinhandel des Rheingaues wurde hauptsächlich von hier aus weiter abwärts befördert, da kaum eine Stunde weiter unten am jenseitigen Ufer der Hauptstapelplatz des mittelalterlichen Weinhandels, Bacharach, lag. Auch war hier die Hauptstation zum Verladen der Schiffe, da größere Fahrzeuge den schmalen Fahrweg an dem Binger Strudel nicht passieren konnten und deshalb ihre Waren in kleinere Schiffe oder auf Räder verladen und so weiter bringen mussten.

Die Verladungsorte erhielten dadurch viel reges Leben, ihr Handel dehnte sich rasch aus, was ihnen Wohlhabenheit brachte. Die vornehmen Geschlechter wurden dadurch zur Ansiedelung verlockt und fanden besonders in dem Grenzorte Looch so viele Vorteile vereinigt, dass sie bald ganz die Oberhand darin zu gewinnen suchten. Es gab hier nicht nur Gelegenheit, durch Handelsspekulationen reich zu werden, sondern auch durch ritterliche Tugenden sich auszuzeichnen, da es raubsüchtige Gelüste zu Land und zu

Wasser abzuhalten gab. Das letztere sühnte den Stolz des Adels, der sich erst dem Verlangen nach kaufmännischem Erwerbe entgegengestellt, mit diesem aus und dann, als es später weniger ritterliche Taten auszuüben gab, hielt der Vorteil der goldbringenden Geschäfte diese bei ihren alten Namen fest. Sie folgten darin willig dem Beispiele ihrer Klöster, die ja selbst ihre himmlische Würde nicht zu erhaben dafür hielten, durch Handel und Industrie mit der Welt in Verkehr zu treten und dabei ihre Reichtümer zu mehren.

Der Ort, an dem unsere Reisenden landeten, bot ein heiteres Bild reger Betriebsamkeit, was im Vereine mit seiner wundervoll schönen Lage den angenehmsten Eindruck hervorrief. Hochgieblige, stattliche Häuser liefen längs der schmalen Straße zwischen dem Rheine und der steilen Anhöhe hin und zogen sich um den hohen Berg her, der die Ecke des Rhein- und Wispertales bildet. In diesem engen Tale mit dem kleinen, klaren Bache hatte jedoch mehr nur der unbemitteltere Teil der Einwohner sich niedergelassen. Über den beiden Stadtteilen, hoch oben auf der vorspringenden Ecke des Berges stand eine schöne Kirche mit gotischem Turme. Sie war vor noch nicht langer Zeit erbaut worden und die reichen Geschlechter der Stadt hatten hier an dem Orte ihrer Andacht und ihrer Gräber einen prachtvollen Altar gestiftet, der noch heutzutage als ein schönes, seltenes Kunstwerk aus jener Zeit angestaunt wird. Um die Kirche her, auf einzelnen, dem Berge abgerungenen Stellen, befanden sich noch verschiedene größere und kleinere Gebäude, von Bäumen umgeben, was dem Ganzen ein sehr malerisches Aussehen gab und den Reiz der Landschaft erhöhte.

Als das Schiff gelandet hatte, zögerte Gutenberg auszusteigen. Es verlangte ihn, erst Kuno zu sprechen und ihn zu bestimmen, eine andere Kleidung anzulegen und ihm in die Stadt zu folgen, wo er bei einem Verwandten sein

Nachtquartier nehmen wollte. Antonio sagte ihm bis morgen Lebewohl und verließ mit Angelo und seinen Dienern das Schiff, eine Herberge aufzusuchen. Der Knabe sah sich verschiedene Male nach dem Fahrzeuge um, – es schien ihm nicht zu behagen, den Spielmann nicht mehr darauf zu erblicken.

Johann harrte eine Weile vergebens auf Kuno. Nachdem das Schiff sich bis auf einige Matrosen entleert hatte, stieg er in den unteren Schiffsraum hinab und fand hier Kuno in einem düsteren Winkel völlig in sich selbst versunken; er hörte sein Nahen nicht, ja er schien nicht einmal zu bemerken, dass das Schiff angelegt hatte. Erst als Gutenberg die Hand auf seine Schulter legte, blickte er auf, doch wie in halbem Traume. Er fuhr sich durch die kurzen Haare über der hohen Stirn, zuckte zusammen und sagte dann mit erzwungenem Lächeln:

»Ihr seht mich so traurig an, edler Junkherr, als hielte das Unglück mich fest im Arme. Dem aber ist nicht so. Seht, ich schüttle mich und der Schmerz fällt ab und der lustige Spielmann steht wieder vor Euch.«

Damit sprang er auf und wollte nach seinem Instrumente greifen, aber es war oben geblieben. Angelo hatte es sorgfältig zur Seite gelegt.

»Die Fidel fehlt dem Spielmann, drum kann er nicht recht lachen«, fuhr er fort und versuchte dreist in Johanns Auge zu schauen, doch plötzlich, wie von einer überwältigenden Empfindung bezwungen, warf er sich an seine Brust und schluchzte: »Ich kann, kann nicht mit Euch weiter ziehen, – nicht hier in dem engen Raum dieses Schiffes bleiben. Entbindet mich meines Wortes. In Holland finde ich Euch wieder. Erst aber muss ich über die Berge, muss durch die Wälder ziehen – mir die Brust zu erweitern – hier ersticke ich. Doch seid versichert, ich halte Euch Wort – wenn dieser kurz geschorene Schädel nicht an einer zu schroffen Ecke zerschellt. In Haarlem, wo Ihr zunächst bleiben wollt, bin ich wieder an Eurer Seite, – und wollt Ihr wirklich Geselle werden, in welcher Zunft es auch sei, ich schließe mich Euch an und lasse die Fidel so lange ruhen. Als Dolmetscher kann ich Euch nützlich werden und kann Euch auch wohl manche beachtenswerten Winke geben, da ich schon längere Zeit mit den schwerzugänglichen Holländern verkehrte. Nur jetzt sucht mich nicht zu halten – nur jetzt nicht. Es treibt mich fort von dem Schiffe; und dann auch verlangt es mich, seit ich heute an diesen Bergen aufgeschaut, einer Sache nachzuspüren, mit der ein Teil meines Lebens zusammenhängt und die ich gerne klar durchschauen möchte.«

»Wie Ihr wollt, so sei es, Kuno. Euer Wort soll kein Zwang für Euch sein, allein ich meine, es wäre besser für Euch und den Frieden Eurer Seele, Ihr bliebet bei mir und Antonio, der Euch gerne die Hand zu einer nützlichen Tätigkeit bieten möchte, was Euch allein wieder dauernde Beruhigung bringen könnte.«

»So meint Ihr – ich nicht, Junkherr. Nur ein wildes, abenteuerliches Leben kann mir das Dasein noch erträglich machen. Was kann auch der Kaufmann mit mir wollen? Mich vielleicht zum Kehrbesen seines Warenlagers erheben oder zu so etwas dergleichen – als große Vergünstigung für den Vagabunden?«

»Seid nicht so bitter, so ungerecht. Zog Euch nicht der freundliche Mann selbst in dieser Kleidung an seinen Tisch?«

»Um ihm und seinem Kinde die Zeit zu kürzen«, höhnte Kuno. »Ja, ja! So ist's Junkherr; doch nimmermehr beuge ich mich. Nicht von der Gnade, nicht vom Mitleid mag ich leben und ein Gegenstand der Neugierde sein. Oder glaubt Ihr, dass dem Vogelfreien aus andern Gründen die Hand geboten wird? O nein, für ihn gibt's keine Heimat mehr, – sein Dasein ist rettungslos den finsteren Mächten verfallen; – nur etwas bleibt ihm, etwas, das unvertilgbar in seiner Seele lebt, als ein Strahl von oben, den auch die Macht der Hölle nicht vernichten kann. Es ist – wie nenne ich sie doch gleich, diese innere Lebenskraft, die selbst ein elendes, zerstörtes, misshandeltes Dasein wie das meine, nicht ganz versinken lässt!« –

»Es ist die Liebe –«, sagte Gutenberg, »die unversiegbare Liebe zu Gott und der Welt, die Euch an den Boden kettet, dem Ihr entsprossen, Euch fesselt an die Menschheit, selbst Euch, den Ausgestoßenen, – und dieser göttliche Funke ist es auch wieder, der Euch Freunde bringt. Reicht ihnen vertrauensvoll die Hand. Wir bieten sie Euch mit Freuden, ich, Antonio und Angelo.«

»Nein, nein, jetzt nicht, jetzt muss ich scheiden. Euch sehe ich wieder, Johann Gutenberg, und was dann werden wird – ob ich meinen Bahnen folge oder den Euren – wer kann das jetzt schon bestimmen, wo so vieles dem Zufalle oder Geschick anheimfällt. Als ich in des Wahnsinnes Nacht wieder etwas Helle verspürte«, fuhr er in Erinnerungen versunken fort, »trieb es mich, das Land aufzusuchen, wo meine Wiege gestanden. Dort, so war mir, könne ich dem Geheimnis, das mein Dasein umhüllt, näher kommen und den Mann finden, der es mir gegeben. Es gelüstete mich, mit ihm abzurechnen, die Schmach und den Tod der Mutter an ihm zu rächen – der Sohn an dem Vater. Unterwegs in einer Bauernschenke traf ich einen Spielmann, der lachend starb, die Fidel im Arme, von jubelnden Paaren umdreht. Sie tanzten und lachten noch, als seine Weise in einem schrillen Tone hinstarb, dann begruben sie ihn weinend. Sein Los schien mir beneidenswert. Ich beanspruchte sein Instrument als Erbstück und erhielt es zum Lohn für fröhliche Tänze, die ich darauf spielte. Der junge Musikant machte den alten bald vergessen. Der fahrende Spielmann war ersetzt. So reiste ich von Ort zu Ort, bis ich das Land erreichte, das ich suchte. Ich betrat die Wälder wieder, die mein junges Leben geborgen, doch kein Licht wurde mir in ihrer stillen Dunkelheit. – Ihn – nach dem mich am heftigsten verlangte, fand ich nicht. Ich kam durch Städte und Dörfer und erreichte endlich Prag. In der großen Stadt voller Studenten und Professoren suchte ich nach einem alten Gelehrten, um in ihm einen Teil der geliebten, toten Mutter wiederzufinden und vielleicht einen Fingerzeig für meine Forschungen. Doch kaum wurde es mir möglich, das Grab des längst Verstorbenen zu erkunden. Sein Name, wie der seines schönen Kindes war eine vergessene Sache geworden. Da betrat ich die Schenken und spielte den Studenten der berühmten Universität lustige Weisen auf. Der fahrende, deutsche Spielmann war bald ein willkommener Gast bei ihren nächtlichen Gelagen. Doch nicht lange reizte mich die tolle Lust. Was ich in den Morgenstunden erlauschte, fesselte mich mehr. Ich horchte den Lehren des Hus in der Bethlehemskirche und las seine Schriften und forschte weiter. Mein Leben wollte eine andere Wendung nehmen, da zog er fort der edle Mann, ruhig und sicher, mit des Kaisers Geleitsbrief in der Hand. – Ängstliche Blicke folgten ihm, – mich zog es ihm nach an das Ufer des Bodensees; – – doch ich erzählte Euch das schon einmal an Hemmas Lager. Als ich über ihm die Flammen zusammenschlagen sah, gelobte ich mir, den Samen, den er ausgestreut, in meiner Weise zu fördern, auch in diesem bunten, verachteten Kleide den freieren Ideen der Zeit Rechnung zu tragen – und ich tat es seitdem, wie und wo ich es konnte.«

»Tut Ihr Recht, den Aufruhr zu schüren?«, fragte Gutenberg ernst. »Graut Euch nicht vor der blutigen Saat in Böhmen, die so furchtbar verheerend über die Länder zieht? Lasst uns versuchen in anderer Weise für das Glück der Menschheit zu arbeiten.«

»Gift braucht Gegengift«, rief Kuno in wilder Begeisterung. »Mord erzeugt wieder Mord. Mögen die Hussiten morden, sengen und brennen, alles niederreißen, was ihnen in dem Wege liegt – wer kann es ihnen verargen? Hat man ihnen doch das reine, heilige Haupt abgeschlagen! So ströme es hin das Blut, das dem Rumpfe entquillt, und überflute die Welt und ersäufe die alte, haltlose Zeit in seinen roten Wellen. Aus ihnen wird der Geist des reinen und milderen Lichtes sich erheben und seine Fittiche ausbreiten über Länder und Meere.«

Gutenberg sah sinnend aufwärts. Ein tiefer, fast trauernder Ernst lag in seinen Zügen; – es war, als richte er eine große Frage an die Vorsehung, dann fasste er sanft die Hand seines aufgeregten Gefährten und sagte:

»Wir stehen uns fern und doch nah, denn in Euren wilden Worten liegt viel von dem, was auch meine Seele erfüllt, und die Zeit eines vollen Verständnisses zwischen uns wird nicht ausbleiben; Euer zerstörtes Gemüt wird einst wieder Ruhe und Frieden finden. Lasst mich in Holland nicht vergeblich Eurer warten und bleibt nicht zu lange auf abenteuerlichen Wanderungen aus. Denkt in Stunden bitteren Grolles und Schmerzes meiner und Antonios und erinnert Euch an des holden Angelos warme Teilnahme.«

»Lebt wohl, Junkherr Gutenberg. Ich sehe Euch bald wieder«, rief Kuno, drückte rasch Johanns Hand und eilte davon, doch ehe er die Treppe hinaufstieg, die auf das Verdeck führte, blieb er einen Augenblick stehen, wandte sich noch einmal um und sagte:

»Grüßt Angelo von mir und bringt seinen dunklen Augen mein Lebewohl.«

Damit eilte er hinweg. Als Gutenberg das Schiff verließ, sah er ihn oberhalb der Stadt den Berg erklimmen.

Ein schwüler Abend folgte dem milden Frühlingstag. Hinter den Bergen, die südlich das Rheinufer begrenzten, zogen schwere Wolken aus, hin und wieder zuckte aus ihnen ein feuriger Kuss auf die Erde herab und beleuchtete in flüchtigem Widerschein die dunkle Wasserfläche. Kein Lüftchen bewegte ihren glatten Spiegel, das leicht bewegliche Element schien mit den Blättern, Blumen und Halmen in banger Ahnung des ersten Gewitters zu harren, das bestimmt war, die frühlingsheitere Natur dem glühenden Sommer in die Arme zu legen. Die sanften Zephyre wagten nicht mehr, mit den Blumen und Zweigen zu kosen, erschrocken vor dem drohenden Sturme wehte ihr Atem, kaum noch vernehmbar, über sie hin. Selbst der Wisperwind, der bis zur Lützelau sein vorwitziges Säuseln trug, regte sich nicht, es war, als sei seine enge Heimat sein Schlummerbette geworden, so still war's in dem Tale, in dem nur das Murmeln des Baches ganz leise sich bemerklich machte. Auch die Menschen hatten sich frühzeitig in die schützenden Häuser eingeschlossen, ängstlich den schwülen Abend der Nacht und ihren Gefahren anheimgebend. Am Ufer des Rheines allein war noch einiges Leben. Die Matrosen befestigten die Schiffe mit größerer Sorgfalt und räumten die Verdecke ab, dann wurde es auch hier völlig stille.

Kuno war indessen auf dem Gipfel eines Berges, der hinter der Stadt sich erhob, angelangt und sah in die dunklen Wolken hinein und lauschte dem langsamen, näher kommenden Donnergerölle. Ein unübersehbarer Wald breitete sich dunkel auf der Höhe aus, unten leuchtete zauberisch der Strom, von den sich immer schneller aufeinander folgenden Blitzen. Kuno ließ sich auf einem vorspringenden Felsstücke nieder, das über einem jähen Abgrunde hing. Sein Haupt war entblößt, – die Kappe mit der Pfauenfeder fehlte dem kurz geschnittenen Haar.

Was wohl die Brust des fahrenden Spielmanns beengen mochte? – Sie hob und senkte sich in raschem Wechsel und sein Auge flammte düster auf, so oft die Blitzes-Fackel einen Turm beleuchtete, der ihm gegenüber auf steilem Felsenberge wie ein grauer unheimlicher Riese stand. Ein plötzlicher, heftiger Windstoß fuhr über das Tal und hallte durch die Wälder und dröhnte in den Schluchten; – Kuno sprang auf und trat in den Schutz der Bäume, durch deren Wipfel es wie tausend und abertausend Geisterstimmen sauste. Immer wilder zuckten die Blitze, immer lauter rollte der Donner und es krachte und stöhnte und pfiff, als ob das wilde Heer heute seine tollste Jagd halten wollte. Nachtvögel mit feurigen Augen schwangen krächzend ihre dunklen Fittiche um Kunos Haupt – doch er achtete nicht auf alle diese Schrecken.

Rüstig durchschritt er das Buschwerk und bald hatte er einen schmalen Pfad erreicht, der ihm wohlbekannt zu sein schien, denn ohne Säumen schritt er darauf weiter. Nach einer Weile senkte sich der Weg in eine tiefe Schlucht hinab und zog sich eine gute Strecke darin fort, dann wand er sich bald auf-, bald abwärts in vielen Krümmungen, bis er auf einen kleinen freien Platz auslief, den mächtige Bäume und hohes Buschwerk umschlossen. Rauch und Glut verkündeten hier eine Kohlenbrennerhütte. Unweit derselben, an dem kolossalen Stamm einer alten Eiche gelehnt, stand eine Hütte, auf deren bräunlich gelbes Strohdach die glühenden Kohlen einen rötlichen Schimmer warfen.

Kuno nahte sich schnell dieser kleinen Behausung und pochte an ihrer Türe an; doch erst nach geraumer Frist tat sie sich langsam auf. Ein ältliches Weib kam heraus und maß den nächtlichen Besuch mit scharfem Blicke.

»Wer seid Ihr?«, fragte sie hierauf halb erschrocken. »Ihr seid doch nicht Kuno von –«

»Schweig! Nenne den Namen nicht, den ich trug, als ich hieher zu Gisela kam. Wir beide haben uns seitdem verändert. – Doch komm in die Hütte, ich habe mit dir zu reden.«

Zögernd folgte das Weib dieser Weisung, allein sie mochte wohl einsehen, dass sie den ungeladenen Gast nicht abhalten könne, einzutreten, denn ihr Blick, der schnell zur Kohlenhütte hinüber schweifte, entdeckte dort niemand. Der Köhler hatte, von dem Gewitter verscheucht, sich in seine Hütte verkrochen.

»Was treibt Euch bei Nacht und Unwetter zu der Mutter Gertrud?«, fragte das Weib, als sie in der dunklen Stube einen Kienspan angezündet und damit Kunos Gestalt von oben bis unten beleuchtet hatte. »Seid Ihr doch nicht krank, wie Euer Aussehen zeigt, und – Gisela ist fern. Was wollt Ihr also bei der Kräuterfrau am Kederichsstein?«

»Den Teufel bannen, der in den Felsen haust, und in dich gefahren ist, als du Gisela der Hölle verschriebst«, fuhr Kuno wild auf und packte das Weib hart an, indem er fort fuhr, »sagen sollst du mir, Hexe, weshalb du das Mädchen nach jenem Kloster schlepptest, das nicht einmal mehr den Namen eines Heiligtums trägt, sondern verrufen ist bei Gott und den Menschen? Wahrheit will ich von dir. Rede, warum tatest du so an dem Kinde, das du dein eigen nanntest, Rabenmutter?«

»Herr, was ich tat, geschah nach höherem Willen«, stammelte das Weib. »Gisela war nur ein unvertrautes Gut; ich gab es zurück.«

»An jenes Kloster?«

»Dem Kloster war sie geweiht, seit sie das Licht der Welt erblickte«, erwiderte das Weib ausweichend. »Forscht nicht weiter, edler Junkherr, ein heiliger Eid bindet meine Zunge.«

»Ein heiliger Eid die Hexe!«, rief Kuno höhnisch und fuhr ingrimmig fort, »Was ist dir heilig? Dir, die du Gisela nach jenem Orte brachtest, der unter dem Deckmantel des

Himmels ein Pfuhl der Sünde geworden ist? Sprich, wer war es, der das arme Opfer dazu bestimmte? Ich will es rächen an ihm.«

»Das vermöchtet Ihr nimmermehr, wenn Ihr auch wüsstet, wer Giselas Geschick bestimmte. Lasst ab von dieser Fährte. Ich beschwöre Euch darum. Zu was sollte es auch führen? Ist sie doch für immer aus der Welt geschieden, in die ihr Leben nicht hinein gehörte. Wäret Ihr nicht in unsere Einsamkeit gedrungen, hättet Ihr des Mädchens Herz nicht mit sündiger Liebe erfüllt, der Wald und die Klostermauern wären das Einzige gewesen, was sie je kennen gelernt.«

»Der Wald und jene Klause – ein heiliger Hein voll süßer Poesie und Freuden und eine Höhle voll Schmutz und sündiger Lust!«, klagte Kuno mit wildem Schmerz.

»Was Ihr da sagt, ich fasse es nicht. Habt Ihr Gisela gesehen? Ist sie nicht wohl geborgen?«, forschte mit lauerndem Gesicht das Weib.

Kuno warf einen durchdringenden Blick auf die Alte und sagte:

»Mich täuschest du nicht. Du wusstest es, wohin du Gisela führtest und du sollst mir trotz deinem heiligen Eide alles bekennen oder, so wahr ich ein fahrender Spielmann geworden, ich brenne deine Hütte nieder, Hexe, und sie soll dein Scheiterhaufen werden. – Ah, es ist schön, grausig schön –«, fuhr er mit einem Anfluge des Irrseins fort, »zwischen Flammen zum Himmel aufwärts zu fahren, lustig muss es sein, in dem heißen Höllen-Elemente der Hölle zuzueilen – dein Los, so du mir nicht alles bekennst.« Er griff nach des Weibes struppigem Haar, das verworren ihr verwittertes Gesicht umflatterte – doch sie schlüpfte unter seinen Händen durch und stand im Nu im Hintergrund der Stube. Dort befand sich eine Art Herd, eine Rute lag darauf. Sie schwang diese drohend gegen Kuno, dann im

Kreise um sich her und ein bläulicher Dunst umkreiste sie und gab ihr ein grauenhaftes, gespenstisches Aussehen.

»Nahe mir nicht!«, gebot sie mit hohler Stimme. »Oder du bist des Todes! Deine Drohung soll sich an dir selbst erfüllen. Ich fürchte sie nicht. Mein Leben ist gefeit. Rührst du mich an, ist das deine verloren.«

Kuno, obgleich fast gänzlich frei von dem finstern Aberglauben seiner Zeit, empfand doch bei dem Gebaren des Weibes einen Nachhall davon in sich und unentschlossen blieb er einige Augenblicke stehen, dann aber, dieser Schwäche sich schämend, sprang er auf sie zu, packte sie fest an und riss sie in den Vordergrund der Stube. Der blaue Dunst verschwand in Dunkelheit und Kuno rief höhnend aus:

»Ist das deine ganze Zaubermacht, Hexe? Beuge dich vor mir, – sie war mit leichter Mühe überwunden.«

Er drückte das Weib auf die Knie nieder. Sie rang die Hände – und einsehend, dass sie ihn mit ihren geheimen Künsten nicht blenden könne, schlug sie den Weg der Bitte ein und flehte in jammervollen Tönen, ihrer zu schonen, beteuerte ihre Unschuld und versprach ihm, so viel von Giselas Herkunft und Geschick zu erzählen, als sie selbst wisse.

»Nun so rede!«, sprach er gebieterisch; und sie begann:

»Über Giselas Geburt schwebt ein Geheimnis, das ich nicht zu erforschen trachtete, und das wenige, was mir davon bekannt geworden, habe ich gelobt, zu verschweigen, doch da Ihr mich zu reden zwingt, mögt Ihr das, was ich davon weiß, erfahren. Gisela hatte kaum das Licht der Welt erblickt, als ein grauses Geschick ihre Mutter ereilte. Ob es die Folge eines Verbrechens war – ich weiß es nicht. Die Arme verfiel in böses Wesen und man schickte nach der Mutter Gertrud, die schlimme Krankheit zu besprechen. Allein der böse Geist blieb in ihr, bis sie starb. Ihr

Kind, um dessen Dasein nur wenige wussten, wurde mir übergeben. In Waldeinsamkeit sollte es verborgen bleiben, bis sein Leben in heiligen Mauern sühne, was auf seinem Erzeuger lasten mochte. Ich nannte Gisela mein Kind, man belohnte mich dafür und ich fragte der Sache nicht weiter nach, geduldig des Rufes harrend, der mir gebieten würde, sie zurückzugeben oder sie in ein Kloster zu geleiten. Da fandet Ihr das Mädchen – und schwere Sorge kam über mich, denn ihr ließet Euch nicht zurückweisen und ihr Sinn und Herz hing sich mit inbrünstiger Liebe an Euch und Ihr lehrtet sie Dinge, von denen sie bis dahin nichts verstanden. Als ich entdeckte, was mit ihr vorging, war es zu spät, sie vor Euch zu flüchten. Ich wusste nicht, was beginnen, – wusste nicht Rat noch Hilfe und sah mit Schrecken der Stunde entgegen, die über ihr Geschick bestimmen sollte. Da stürzte Eure stolze Burg zusammen – Ihr bliebet aus – und grausige Kunde von Euch und den Euren drang an mein Ohr. Gisela klagte um Euch und wähnte Euch ungetreu. Der Ruf ins Kloster kam – und willig folgte sie mir.«

»Doch nicht in jenes Kloster, Weib?«, widersprach Kuno heftig.

»Nein, ich sollte sie in die große Stadt jenseits des Rheines bringen und zog mit ihr fort über die Berge. Sie schleppte sich nur mühsam weiter und schon am Abend des zweiten Tages sank sie krank an der Pforte des Hauses nieder, das sie dann nimmer verließ. Man pflegte sie liebreich und gut. Sie wollte nicht weiter wandern und nahm den Schleier in jener Klause, von der Ihr so schlimmes berichtet. Nicht ich, Herr, trage die Schuld daran, – nicht jener, der ihr Geschick bestimmte, – sie selbst wollte es so.«

»Und dir wurde reicher Lohn dafür«, erwiderte Kuno bitter. »Dort nahm man Gisela um ihrer Schönheit willen freudig auf und ließ ihre Mitgift fürs Kloster in deiner Hand. Was hat dieser Schatz dir genützt, Weib?«, fuhr er heftiger fort. »Zu was brauchtest du Geld in dieser elenden Hütte? Fluch über diesen Sündenlohn, um den du das unerfahrene Kind an jenem Orte zurückließest, der ihr Verderben wurde!«

»Ihr tut mir Unrecht!«, eiferte das Weib. »Gottes Strafe treffe mich, so ich Giselas Unglück wollte.«

»Du sahst die lustigen Weiber jenes gesunkenen Heiligtums und dachtest wohl gar, das Mädchen glücklich zu machen, indem du sie ihrem Hause als Eigentum übergabst? Nicht, Hexe?«, rief er wild und sein Auge funkelte sie drohend an.

»Glaubt, was Ihr wollt«, jammerte die Alte. »Ich kann's nicht ändern und tut, was Ihr wollt – doch bedenket, Ihr ändert damit nichts. Was geschehen ist, ist nicht mehr anders zu machen – und wissen sollt Ihr noch, dass außer mir und Euch, niemand mehr lebt, der um Giselas Geschick sich kümmert. Es ist gänzlich abgeschlossen. Verlangt's Euch nach Rache? Wohl, so nehmt sie an einem alten Weibe. Zündet meine Hütte an; – verbrennt die Hexe und sehet zu, ob Ihr noch einmal Euer Haupt zur Ruhe niederlegen könnt.«

»Das käme wenig in Betracht, Alte, wenn es mich gelüstete, dich zu verderben«, erwiderte er mit einem Blick des Hasses und der Verachtung auf das Weib, das sich am Boden krümmte. »Doch was nützte der Armen dein Tod – was fruchtet überhaupt all diese Pein und Qual süßer und herber Erinnerungen, die mich hieher geführt. Ich war ein Tor, zu wähnen, hier sei noch etwas zu retten, zu sühnen. – Fort – fort von diesem Orte! Und Fluch allen denen, die mein und Giselas Verderben herauf beschworen!«

Er stürzte aus der Hütte, – er eilte, ohne des Weges zu achten, vorwärts immer weiter durch Täler und Schluchten, über Hügel und Berge, als könne er durch diese eilige Flucht der Qual seines Innern entfliehen. Der Himmel hatte sich indessen wieder gelichtet, – nur einzelne Wolken zogen noch in eilendem Laufe über die Sterne dem Gewitter nach, das sich in der Ferne verloren. Als Kuno nach einigen Stunden auf der Höhe eines Berges anlangte, blickte ihm von der waldgelichtesten Spitze desselben ein grauer Turm entgegen. Er bebte wie vor einem Schreckgespenste davor zurück und ein Aufschrei des Entsetzens drang aus seiner Brust, dann aber plötzlich, wie von einem tiefschmerzlichen Gefühle übermannt, bedeckte er mit beiden Händen die tränenden Augen und gesenkten Hauptes wandte er sich zur Seite und bahnte sich einen Weg durch wildes Gestrüpp, bis er am Abhang des Berges auf einer öden, von Felsen umgebenen Stelle anlangte. Hier stürzte er laut schluchzend neben einem aufgeschichteten Steinhaufen nieder und sein Gesicht drückte sich fest auf den dürren Boden, dem nicht die kleinste Blume entspross. Melancholisch schaute der graue Turm von der Spitze des Berges über Bäume und Felsen hinweg nach dem Sohne, der in heftigstem Schmerze die Erde küsste, die den Leichnam seiner Mutter barg.

Inzwischen zog der erste Tagesstrahl am östlichen Horizonte herauf und warf einen rötlichen Schein über die verfallene Burg und erhellte die einsame Grabesstätte mit seiner belebenden Macht. Was in Kunos Brust in wildem Durcheinander tobte, Schmerz, Liebe, Hass und Rache, löste sich nach und nach in Tränen auf. Sie fielen zur Erde und mischten sich mit dem Nachttau, der zu glitzern begann, der stärkende Atem des Morgens wehte darüber hin und trocknete sie auf. Des Himmels heiteres Blau lockte Kunos Blick aufwärts – seine beengte Brust erweiterte sich wieder und als rings um ihn her die schlummernden Leben in heiligen Tönen sich zu des Tages Lust und Arbeit rüsteten, erhob seine Seele ein wortloses Gebet und Mut und Kraft kehrten ihm wieder. Er schied von dem

Grabe und ging langsam, doch festen Schrittes dem grauen Turme zu und sein Auge weilte prüfend auf den zerstörten Mauern, die ihn einst in der glücklichsten Zeit seines Lebens umschlossen. Nirgends zeigte sich mehr ein wohnlicher Raum. Moos und junges Efeu suchten liebend die Zerstörung mit ihrem zarten Grün zu umkleiden; – aber noch war die Zeit zu kurz dafür; noch waren die Spuren einer nicht allzu langen Verlassenschaft den halbzertrümmerten Hallen zu deutlich aufgeprägt.

Ein Sturm drohte abermals in Kunos Innerem aufzusteigen: – sein Auge flammte, seine eine Hand ballte sich krampfhaft, mit der anderen griff er wild in das kurzgeschnittene Haar; – da schallte heller Glockenton aus dem Tale herauf und im goldenen Sonnenstrahle prangte plötzlich das düstere Gemäuer. Kuno trat geblendet davon einige Schritte vorwärts und stand am jähen Abhange des Berges. Unter ihm lag die freundliche Stadt, in ihren Straßen regte es sich lebendig und in den breiten Strom, der sie begrenzte, fuhren große und kleine Schiffe hinaus mit ausgespannten Segeln und flatternden Wimpeln. Der Gesang der Schiffer mischte sich in das Glockengeläute und in den nahen Wäldern stimmte das Morgengejauchze der Vögel mit ein. Überall heiteres Leben, unter ihm, über ihm, um ihn her. Es war, als wolle der sonnige Morgen auch die Nacht aus Kunos Brust verscheuchen, um seine Seele in frischer Kraft dem hellen Tage zu erschließen. Er beugte sich über den Abgrund hinab, – sein Auge folgte den Schiffen, – es suchte und fand das Fahrzeug, das ihn gestern getragen. Stand nicht dort Johann mit Antonio und Angelo? Spähten sie nicht herauf nach ihm? – War es ihm doch, sie riefen ihm zu: »Komm herab! Folge unserer Spur!« Und waren es nicht Angelos Augensterne, die ihn magnetisch mit unwiderstehlicher Gewalt hinunterziehen wollten, ihnen nach?

»Holder Knabe, wunderbares, süßes Kind, welch'
namenloser Zauber liegt in deinem Wesen!«, sprach er
leise vor sich nieder und: »Ich folge Euch nach«, rief er
laut hinaus, so laut, dass das Echo in den Bergen es wiederholte und verräterisch die Worte zu dem Schiffe trug.

»Wer sprach hier? Tönte nicht Kunos Stimme durch die
Lüfte?«, fragte Angelo mit staunendem Blicke Johann.

Ich folge Euch nach – nach – nach, klang es abermals.

Johann sah an dem Berge empor, den sie eben umschiff-
ten und Angelo flüsterte:

»Dort oben weilt er – oder ist es sein Geist?«

Angelo – nach – nach – hallte das Echo wieder, doch leiser, undeutlicher – allein es hallte so fort, tönte so in Angelos Ohr, bis die Bergesspitze mit seinem grauen Turme entschwand und hallte in seinem Herzen immer wieder, das so
oft das Schiff landete, am Ufer den fahrenden Spielmann zu
finden hoffte. Doch vergebens. Von Kuno zeigte sich nirgends eine Spur.

Als Antonio in Holland sich von Johann trennte und ihn
nochmals dringend an sein Versprechen mahnte, bald durch
Frankreich nach dem Süden zu wandern und den Weg nach
Venedig einzuschlagen, setzte Angelo rasch hinzu:

»Wenn Ihr dem armen Kuno inzwischen begegnet, so
nehmt ihn mit, – lasst ihn nicht mehr von Euch und sagt
ihm: Angelo wolle ihm auch Mähren erzählen, bessere als
die seine gewesen, er solle kommen, sie anzuhören. Und
dann sagt ihm noch, er dürfe in Venedig Angelos Harfe
statt seiner Fidel spielen und ich würde ihm schöne Lieder dazu singen, bei denen er die traurigen Mähren seiner
Heimat vergessen soll. Sagt ihm dies – und sagt ihm noch
vieles, was sein krankes Gemüt beruhigen kann. Und nun
lebt wohl, Junkherr Gutenberg. Angelo ist Euch von Herzen gut; – kehrt Ihr einst bei Antonio ein, freut es den Sohn
nicht minder als den Vater.«

Ein reizendes Lächeln umzog bei den letzten Worten einen Augenblick Angelos frischen Mund, dann reichte er Johann die Hand zum Abschiede und sagte mit warmem Händedruck:

»Auf frohes Wiedersehen in der Markusstadt – und vergesst mir ja den Spielmann nicht.«